KB217241

그대가
존귀한
이 유

그대가 존귀한 이 유

이경석 지음

지성인을 위한 신학적 인간학

내 안에 있는
하나님의 형상이란 무엇인가?

좋은땅

추천사

이경석 목사는 재주가 많은 목사입니다. 교회학교를 맡고 있으면서 미디어, 행정, 문서 사역 등 다방면에서의 역할을 잘 감당합니다. 우리 교회는 사역이 많습니다. 지역 내에서 가장 규모가 큰 교회이기 때문에 예배공동체로서의 사명뿐 아니라 지역 사회를 섬기기 위한 다양한 프로그램을 실행하고 있습니다. 당연히 교역자들도 바쁩니다. 그런데 이 목사가 책을 내게 되었다고 원고를 가져왔습니다. 인간론에 대한 신학적 주제를 다룬 글이었습니다. 새벽 예배를 마친 직후 이른 시간이나 일과 후 늦은 시간까지 사무실에서 사역하던 것은 알고 있었습니다. 그런 바쁜 일과 속에서 가볍지 않은 글을 준비하기 위해 연구하고 고민한 흔적들이 보였습니다.

이 책은 신학적이고 학술적이지만, 인간의 가치와 영혼을 사랑하는 이 목사의 고민이 담겨 있습니다. 그래서 누구라도 관심을 가지고 읽으면 내면의 큰 유익을 얻을 수 있는 좋은 책입니다. 가까이서 지켜본바, 이경석 목사는 도전적이고, 진솔하며 생각이 깊은 사람입니다. 특별히 그는 예수님을 사랑하고 그 사랑을 전하는 것을 자신의 사명으로 여깁니다. 이 책을 통해 여러분에게 그 마음이 전달되길 기대합니다.

2023년 9월 26일
철원감리교회 담임목사
곽영준

추천사 … 4

I. 하나님의 형상을 품은 존재, 인간 … 7

　1. 성경은 인간을 어떻게 말할까?

　2. 하나님의 형상, 왜 알아야 할까?

II. 하나님의 형상에 대한 역사적 논의 … 27

　3. 하나님의 형상과 모양 - 형이상학적 이원론

　4. 종교개혁기 - 성경만 가지고 보자

　5. 인간을 연구하는 새로운 패러다임이 열리다

　6. 니체는 말했다. 권력을 가지라, 그리고 초인이 되라

　7. 실존주의 인간학 - 그냥 어쩌다 보니

III. 철학과 과학으로 바라본 하나님의 형상 … 71

　8. 행동주의 인간학 - 사람은 다 거기서 거기야

　9. 철학적 인간학 - '세계개방성'이라고 들어 봤니?

　10. 헤르더 - 하나님의 형상은 성장하는 과정 속에 있다

　11. 판넨베르크 - 하나님의 형상과 '세계개방성'

IV. 현대 신학과 하나님의 형상　　　　　　　… 101

　12. 현대 자유주의 신학 속 인간학 (1)

　13. 현대 자유주의 신학 속 인간학 (2)

　14. 과정신학 속 하나님의 형상

V. 본연적인 하나님의 형상은 무엇일까?　　… 127

　15. 보시기에 좋았더라

　16. 영혼이 곧 하나님의 형상이라고?

　17. 영성가들이 생각하는 하나님의 형상

　18. 답은 예수 안에 있다

　19. 당신 안에는 하나님의 형상이 있다

　참고문헌　　　　　　　　　　　　　　　… 169

I.

하나님의
형상을 품은 존재,
인간

1. 성경은 인간을 어떻게 말할까?

    신학은 안셀무스의 테제와 같이 '이해를 추구하는 신앙'이다. 전통적으로 기독교 신학은 신자가 신앙을 이해하도록 돕고, 이를 통해 우리가 신앙의 기쁨을 누리도록 기여했다. 우리는 성경 안에 담긴 하나님의 계시를 통해 그분의 무한하고 불가해한 깊이를 사유함으로 신학을 발전해 나간다. 기독교 신학의 중심 테제는 신론이며, 성경 말씀을 기반으로 교회 역사와 이성, 체험 등을 통해 하나님에 대한 풍성한 이해를 체계화해 나간다.[1] 그러나 하나님을 사유하며 신학을 논하는 주체는 인간이며, 인간의 상징과 언어 사유의 영역 안에서 표현되는 하나님의 존재 이해는 인간적 감각을 넘어서지 못한다. 그런 의미에서 신학은 하나님의 은총을 누리는 인간을 위해 존재한다.

    우리가 하나님에 대해 논할 때 신학은 필연적으로 창조주 하나님, 구원자 하나님의 은총에 집중하게 된다. 인간이 신학을 연구하는 궁극적인 목적은 하나님 앞에서 우리 존재의 근원을 깨닫고 구원에 이루는 길을 찾는 것이기 때문이다. 그러므로 신앙은 반드시 인간 존재의 지향점으로 해석되어야 하며, 인간론적인 관점으로 재조명되어야 한다. 따라서 우리가 하

---

1 다니엘L. 밀리오리, 『기독교 조직신학 개론』, 신옥수, 백충현 옮김, (서울: 새물결플러스, 2012), 25-27.

나님에 대해 논할 때, 동시에 인간에 대해 말하지 않을 수 없다. 신학적인 모든 활동은 인간 인식의 한계 안에 제한되기 때문에 우리는 신 자체의 존재를 논하기보다 신에 관하여 논의할 수밖에 없다. 신학은 하나님을 논하기 위해 인간에 대해 질문해야 하고, 인간을 논하기 위해 하나님에 대해 질문해야 한다. 즉, 신학은 하나님에 대한 학문인 동시에 인간학일 수밖에 없는 역설적인 운명을 가지고 있다.[2]

성경 진술 속 인간은 하나님의 목적과 의미를 가지고 창조된 피조물이다. 전통적 기독교 신앙 속에서 인간에 대한 이해는 창조, 구원, 종말의 영역에서 다루어졌는데, 특별히 창조의 사건에 집중하여 논의되는 경향이 있었다.[3] 기독교 신학 속에 존재하는 모든 명제는 인간의 문제를 직간접적으로 다루고 있지만, 특별히 그 존재 기원을 이해하기 위해서는 창세기에 기록된 인간 창조의 기록과 의미를 이해해야 한다. 창세기는 하나님의 창조 세계 속 인간의 위치와 원초적인 하나님과의 관계, 회복되어야 할 참 인간상에 대한 논의를 창조 사건으로 설명한다. 우리가 인간을 이해하기 위해서는 성경이 말하는 창조 속 인간의 근원을 전제해야 한다. 심지어 성경적 인간 이해의 가장 상반되는 테제인 진화론적 관점이나 실존주의적 인간 이해도 창조론 속 인간 본연의 기원을 외면한 채 논의할 수 없다.

20세기 이후, 기독교 신학은 인간의 의미를 변증하기 위해 신학적 인간론을 하나의 독립된 영역으로 심도 있게 연구하기 시작했다. 철학과 심리학, 의학 혹은 생물학 등 인간을 내외적으로 연구하는 학문들이 늘어나면서, 기독교는 신앙적 의미에서 인간 고유의 특징을 변증해야 할 시대적 요

---

2 서창원, "현대 신학적 인간론: 하나님의 형상 이해"『신학과 세계』46, 2003, 254.

3 김균진,『기독교신학 2』, (서울: 새물결플러스, 2017), 208.

구를 맞닥뜨리게 되었기 때문이다. 그런데 신학적 인간론 연구는 자연주의 사상이 갖는 인간 언어의 새로운 비판을 마주하고 있다. 특별히 계몽주의 이후, 사람들 중에는 일상생활을 넘어서는 '초월적인 실재'에 대한 의구심을 품는 이들이 늘어났다. 과학의 발달이 심화됨에 따라 시대는 계시와 전통에 대한 권위적 설명보다 이성에 근거한 합리적 자료들을 더 신뢰하게 되었다. 특별히 근대화의 시대적 요청 속에서 기독교는 신앙의 의미와 전제를 자연주의적 관점으로 환원하여 변화에 동참하거나, 전통적 교리를 시대적 반성이나 성찰 없이 고집하는 양 극단의 모습을 보여 주기도 하였다.

그러나 오늘을 살아가는 사람들은 근대적 세계관을 넘어선 '탈근대주의의 시대'를 살고 있다. 탈근대주의는 기존의 진리, 의미, 역사 등에 대한 형이상학적 이해를 배제하고, 욕망하는 주체인 인간의 현존을 용납하며, 본질에 대한 성찰보다 실존을 중요시하는 경향이 있다. 한마디로 탈근대주의는 형이상학을 거부하는 시대이다.[4] 1970년대에는 '포스트모더니즘'이라는 이름으로 새로운 시대를 정의하고자 하는 노력이 있었다. 그런데 그런 논의도 어느새 반세기의 시간이 더 흘러 버렸으니, 오늘날을 특정할 대표 사상이라 말하기엔 다소 어색하지 않은가 싶다. 오늘날이 탈근대의 시대임은 분명하지만, 그 영문 표현인 포스트모더니즘은 이미 특정 시대의 사조를 대변하고 있다. 다소 아이러니하지만 필자는 본 글에서 탈근대 시대와 포스트모더니즘 사상을 분리하여 논의하고자 한다. 굳이 오늘날을 논하자면 포스트모던 시대를 지났으나 여전히 탈근대적 사상이 영향

---

4 테리 이글턴, "자본주의, 모더니즘, 포스트모더니즘", 『포스트모더니즘론』, 강내희 옮김 (서울: 도서 출판 터, 1989), 219.

을 끼치는 시대라 할 수 있다.

근대 세계에서 기독교 신학은 양극화 현상을 겪었다. 한 편에서는 과학적 실증주의의 원칙이나 관점을 따르는 것이 시대적 요청이라며 기독교 교리의 고유성을 축소하고 근대정신으로 종교를 환원해 버린 자유주의적인 신학이 극성이었고, 다른 한 편에서는 자유주의 신학의 위기를 극복해야 한다며 기독교 교리를 문자적으로 고집하는 근본주의 신학이 발전하였다. 그러나 그 두 가지 신학적 방법론은 모두 저마다의 한계를 드러낸 채, 기독교 신앙의 고유함을 온전히 변증하지 못하였다.

기독교는 예수 그리스도를 증거하며 그를 주님으로 영접하도록 복음을 설파하는 지상명령을 정체성으로 품은 신앙공동체이다. 그런 사명을 품은 공동체가 이 시대에서 그 역할을 감당하기 위해서는 신앙의 의미와 시대적 정황을 잘 이해할 필요가 있다. 기독교의 입장에서 근대화 시대는 세속주의적 잣대로 압박하던 시대였다. 그러나 인간 이성과 과학적 문명으로 황금빛 미래를 가져다줄 것이라 기대했던 근대적 관점과 가치관은 세계 대전이라는 가공할 만한 악의 번영 앞에서 균열을 일으켰다. 그리고 근대주의의 반작용으로 시작된 탈근대주의 사상은 기독교 신학과 세속 사이의 통로를 다시금 열어 주었다.

신앙의 양극화, 곧 근본주의 신학과 자유주의 신학의 지향점은 마치 평행선을 달리는 듯 보인다. 근본주의 신학이 가지는 강점은 하나님과 예수 그리스도, 구원의 의미를 명쾌하고 의미심장하게 전달해 준다는 데 있다. 하지만, 이 사상은 오늘의 성경 신학적 연구 속에서 많은 문제점을 드러낸 문자주의 성경무오설에 지나치게 의존적이고, 실제적인 악의 문제에 대해 추상적으로 접근하는 신정론적 교리를 기반으로 삼고 있다. 또한 과학적 방법론에 다소 무리한 신앙적 해석을 붙임으로 전문 지식인들에게 배척당하는 한계를 보인다. 그로 인해 많은 사람들은 기독교에 관심과 매력을 느끼면서도 여전히 교회 구성원이 되는 것이 자신의 삶에 유익한 것인가에 대해 물음표를 가지고 있다.

이와 대조적으로 자유주의 신학은 성경무오설이나 신의 절대권능 등을 주장하지 않기 때문에 이 세계 내에서 경험되는 실질적인 악의 문제로 인한 논리적 모순으로부터 자유로울 수 있다. 오히려 이 악을 해소하기 위해 실천적이고 윤리적인 삶의 중요성과 인간 문명의 가치를 강조하는 강점을 지니고 있는 것도 사실이다. 그러나 이 신학은 우주와 세계, 사회의 진화론적 발전 과정의 배후에서 하나님께서 어떻게 이끌어 가시는 지를 설명하지 못한다. 그리고 그리스도 예수 안에서 하나님께서 성육신하시고 이 땅에서 영혼을 구원하는 사역을 이루신 의미를 담지 못한다. 무엇보다 예수의 부활을 단순히 상징이나 비유 또는 신화 정도로 치부해 버림으로 전통적인 기독교 신앙과의 연속성이 단절되고, 구원론의 가장 핵심이 되는 죽음 이후의 영생을 주변적인 것으로 만들어 버린다. 그 결과 종교의 근본적 가치인 신성과 구원의 의미를 풀어내지 못하는 치명적인 약점을 안고 있다. 이러한 양극적 한계와 약점들을 극복하기 위해서는 포괄적이고 총체적인 신앙적 관점을 바라보아야 한다.[5] 기독교 신앙의 본연적 메시지와 시대적 반성의 통찰이 함께 가야 한다.

17세기 이후 계몽주의를 지지하던 지식인들은 '닫혀 있는 우주(Self-contained universe)' 사상, 곧 눈에 보이는 이 세상이 전부라는 생각을 진

---

5 데이빗 그리핀, 『포스트모던 하나님 포스트모던 기독교』, 강성도 옮김 (서울: 기독교연구소, 2002), 28-29.

리로 받아들였다. 이러한 명제는 점차적으로 우주질서의 근원자로 받아들였던 하나님의 실재를 부정하게 이끌었고, 또한 신앙은 개인의 심리적 차원의 견해로 축소되었다. 그러나 물리학이 발달하고 그 안에서 패러다임의 전환이 일어나면서, 우리는 우주가 끊임없이 팽창하는 공간이며, 그 안에서 우리 인간의 자연계 속 입지마저 어느 확률적 불안 안에 있는 명확하지 않은 존재라는 생각이 확산되었다. 이러한 기반을 제공한 하이젠베르크의 불확정성의 원리(양자역학)는 근대 사상의 체계를 송두리째 흔들었다. 이후 세계를 바라보는 철학적, 과학적 견해는 더 이상 자연 세계의 원리와 질서에 대해, 그리고 자연계 속을 살아가는 인간의 우주적인 위치에 대해 정확한 답을 제공할 수 없게 되었다.

특별히 근대 세계는 우리에게 도덕과 사회의 근거를 발견하는 수행을 잘 감당하지 못했다. 근대주의의 기반이라 할 수 있는 계몽주의는 도덕과 사회의 근거를 종교적 이유가 아닌 자연주의적 근간에서 찾으려 하였다. 계몽주의 지식인들은 인간의 이성 안에서 객관적인 도덕의 의미를 판단하고 정의할 수 있다는 낙관적인 생각에 빠졌었다. 그러나 이러한 낙관주의가 제공한 제국주의와 인간중심주의는 냉혹한 폭력성을 그대로 드러내었고, 그로 인해 인류는 비참한 참상을 몸소 체험하였다. 이제 누구도 인간의 이성을 장밋빛 미래의 근거로 생각하지 않는다. 오늘날의 세계는 물질만능주의의 사조에 함몰되어 인격성이 결여된, 서로를 수단과 도구로 바라보는 인간성 상실의 위기를 직면하고 있다. 개인주의가 확산되고, 자아과잉 등의 이기주의 풍조가 만연하면서 사회는 공동체적 도덕성의 가치는 어떻게 손을 대야 할지 모를 정도로 훼손되었다. 오늘 날에는 A.I, 자동화 시스템 등이 극도로 발달하면서 노동, 생산성으로써 개인의 가치를 논하던 근거도 소멸되는 시점에 이르렀다. 기독교는 본질상 하나님의 계시를 바탕으로 진리를 논하는 종교이다. 따라서 이 시대적 갈망에 대한 성경적 관점을 통해 도덕과 사회에 공헌해야 할 사명을 가지고 있다.[6]

이제 더 이상 세계는 진보와 발전의 과정만이 역사의 순방향이라 생각하지 않는다. 우리는 더 이상 과학의 발전과 교육이 인간을 사회적 억압과 자연의 속박에서 해방시킬 것이라는 순진한 낙관론을 믿지 않는다. 역사는 지식이 그 자체로 선하지 않음을 검증하였으며, 이성과 과학, 기술만으로는 긍정적인 미래를 보장할 수 없다는 사실도 확인했다.

잉글비에 의하면 근대는 우리가 가진 추구점들을 거대 담론들을 통해 설명하고자 하던 시대였다. 그러나 획일화되고 건조한 거대 담론은 경직되었고, 인격에 근거한 사회적 이해와 발전에 기여하지 못하는 한계를 보였다. 탈근대주의 사상은 이러한 거대 담론에 대한 의구심에서 출발하였다.[7] 근대주의가 자랑하던 거대 담론들은 주도자에게 거대한 힘을 소유하게 하였고, 그 결과 사각지대에 놓인 인간을 억압하는 도구로 전락했다. 과거 타락한 종교의 권력과 구조에 대항마로 등장한 인간의 이성과 과학은 역설적으로 또 다른 권력 형성과 그에 합당한 어용적 구조를 만드는 딜레마에 빠진 것이다.

근대 세계 속에서 기독교 신앙은 과하다 싶을 정도로 이성과 과학에게 집중 포화를 당했다. 그러나 오늘날 탈근대주의는 근대사상에 대한 반작용으로 나타나게 된 사조가 아닌가? 물론 그렇다고 새 시대가 근대 이전의 세계관으로 회귀될 일은 아니다. 장담하건대 기독교 사상의 위치가 서

---

6 이문균, 『포스트모더니즘과 기독교 신학』, 272-273.

7 이문균, 『포스트모더니즘과 기독교 신학』, 274-276.

구 중세 시대와 같은 입지를 회복하는 일은 일어나지 않을 것이다. 다만, 우리는 탈근대적 시대의 정황성과 요청 속에서 기독교 신앙이 가지는 내적 풍성함을 적극적으로 설파할 수 있다. 신학은 진리를 탐구하는 학문이지만 동시에 시대적 정황과 대화하는 유기성을 가지고 있다. 기독교 신학은 성경적 계시에 근거하여 출발하지만, 삶의 자리에 대한 정황성을 통찰함으로 진리를 삶에 적용시키는 생명력을 가지고 있다. 따라서 신학은 우리 삶의 자리와 하나님의 계시의 상관관계 속에서 해석되어야 한다. 신학의 참다운 생명력은 거기에 있다.

지금 우리 시대의 사상은 모든 절대 진리를 부정하고, 도덕성과 종교적 다원성을 긍정하며, 실용주의를 지향하는 경향을 보인다. 현대인들은 어떤 권위와 가르침의 권위보다 대중들이 선호하는 기호에 집중하고 있다. 굳건한 신앙 아래서 이런 시대사조를 비판하는 것은 자유지만, 거기에 머물러서는 보다 발전적인 선교적 과제를 수행할 수 없다. 과연 거대 담론과 절대 진리의 존재를 부정하는 시대 속에서 우리는 어떻게 하나님과 인간의 관계를 설명할 수 있는가? 과연 기독교 신학은 오늘날 현대인들에게 인간의 본질과 구원의 가치를 변증할 수 있는가? 이러한 기독교적 사명을 감당하기 위해서 우리는 현대 사상이 고전적 합리성보다 각 신앙의 독특성을 선호한다는 사실을 주목할 필요가 있다.

오늘날을 사는 이들은 추상적이거나 보편적인 논리보다 공감과 의사소통을 구체적으로 나누는 방식을 더 좋아한다. 따라서 오늘날의 세계에서 기독교는 자신의 정체성을 분명히 이해하고 유지하는 감각이 필요하다. 다른 한편으로는 현대인을 이해하는 기반 또한 견고하게 세워 나가야 한다. 현대인들이 지니는 실존적-실증적 가치관을 부정한 채, 고전적 형이상학에 의존한 기독교 신앙 체계는 대중들에게 외면당할 수밖에 없다. 그러므로 우리는 과학적이고 철학적 방법론을 통해 다가선 인간에 대한 논의를 이해하고 때로는 비판적인 관점 속에서 기독교 신앙 고유의 가치를 변증해 나가야 한다. 분명한 것은 오늘날의 시대를 살아가는 이들이 기독교에 원하는 것이 과학적이고 실증적인 영역은 아니라는 사실이다. 오히려 그들은 삶에 대한 의미를 찾고 마음이 감화되는 경험을 원한다. 그래서 신적 존재와의 인격적인 체험과 그 관계성을 통해 충족될 내면의 풍성한 기쁨을 갈망한다. 그런 의미에서 기독교 신학은 성경 속 하나님의 계시와 현시대적 정황성에 대한 적용에 대해 긴밀한 통찰력을 통해 선교적 사명을 감당할 수 있다.

성경은 하나님을 경험한 신앙 공동체의 고백과 역사를 담고 있다. 성경은 신앙공동체가 믿음으로 고백하는 하나님의 인격과 그분의 구원사적 여정에 대하여 소개한다. 성경이 지니는 정황성과 역사성, 현장성은 시대를 초월하여 모든 인간에게 내적 에너지를 지닌 생명력을 제공할 수 있다. 성경은 인간 내면의 가장 본질적인 갈망인 구원의 문제에 대해 증언하기 때문이다. 기독교 신앙의 정수인 복음은 추상적이고 비인격적인 교리적 체계를 말하는 것이 아니라, 예수 안에서 우리와 인격적인 관계를 맺으시는 하나님의 사랑을 보여 준다. 기독교의 생명력은 추상적인 형이상학적 논의와 교리체계에 국한되는 것이 아니라 인생을 구원하는 복음의 지혜를 추구하는 데 있다.

따라서 성경은 우리 인생의 의미를 더욱 진실하고 실제적인 방향으로 인도할 내적 자원을 담고 있다. 우리는 성경을 통해 인간의 가치가 얼마나 풍성한지를 소개할 수 있고, 그 안에서 풍부한 영적 에너지의 근원을 전할 수 있다. 기독교는 자신의 이야기에 충실하고 복음의 능력을 따라 충분한 영적 에너지를 제공함으로 개인의 삶을 변화시키는 능력을 지니며, 참된 인간다움의 실천성을 모범으로 제공할 때에 현대인들에게 설득력을 가지게 된다.[8]

특별히 기독교 신학은 인간을 영적인 존재로 이해한다. 우리는 성경이 말하는 영적인 존재의 의미를 현대의 정황성에 비추어 설명할 것이다. 이 글은 기독교인들에게는 기독교적 인간학의 발전 과정과 세속적 인간학의 논의를 통해 시대를 이해하는 통찰력을 주고, 현대를 사는 이들에게는 기독교 신앙 안에 초대하는 데 목적이 있다. 신학적 인간학은 여러분의 삶의 의미를 풍성하게 하며 인간 존재의 의미를 조명하는데 도움이 될 것이다.

---

8 이문균, 『포스트모더니즘과 기독교 신학』, 287.

2. 하나님의 형상, 왜 알아야 할까?

"너희 마음에 그리스도를 주로 삼아 거룩하게 하고 너희 속
에 있는 소망에 관한 이유를 묻는 자에게는 대답할 것을 항
상 예비하되 온유와 두려움으로 하고"(벧전3:15)

기독교 신앙은 본질상 선교적 사명을 전제하고 있다. 그래서 신학은 교
회의 선교적인 의무를 수행하는 데 항상 대답할 것을 준비해야 한다. 그
러나 그 대답은 청자의 상황과 문화적 정황을 고려하지 않을 수 없다. 왜
냐하면 우리의 대답은 청자의 내적 변화를 요구하는 목적을 가지기 때문
이다. 그런 의미에서 오늘날의 기독교 신학은 현대인의 삶과 괴리될 수 없
다. 우리는 실존적인 삶의 현장과 정황을 이해하고 성경을 통해 신학적인
답을 제안함으로 세상과 소통하며, 또한 세상을 향해 증거해 나가야 한다.
현시대의 신학은 전통 기독교의 진리를 현대적 문화와 언어로 이해할 수
있는 눈높이에 맞춰 설명해야 한다.

오늘날 기독교는 실존적인 삶의 자리와 정황에 공감하고, 성경 말씀의
계시적 영역을 해석함으로 신학적인 답을 찾아가야 하는 입장에 놓여 있
다. 20세기 신학자 폴 틸리히는 그러한 정황에 맞게 모범적인 신학적 방
법론을 제시한 사람이다. 틸리히는 신학을 행하는 '실존적 삶의 자리'를

현대인의 삶의 자리와 연관시켜 해석, 적용하는 이른바 '변증신학'을 주장하였다. 그의 노력은 성경적 전통 신학관을 수호하는 데 머물지 않고, 실존적인 삶의 자리에서 일어나는 철학적인 질문을 신학적인 답으로 응대함으로 기독교 신앙을 현대적 삶의 실제적 영역으로 인식시킬 수 있는 기틀을 마련하였다.

틸리히는 기독교 신학이 철학, 심리학, 과학, 예술 등 문화와 사상의 다양한 측면과 대화해야 한다고 믿었다. 근대 기독교 신앙을 종교적 상징에 머물게 하는 것이 아니라 우리가 세계 속에 던지는 질문 및 관심사에 대해 적극적으로 반응하려 한 것이다. 물론 틸리히의 사상이 온전하게 기독교 신앙을 변증했다고 볼 수는 없다. 그 역시 성경적 진술 중 중요한 부분을 역사적 사실과 괴리된 상징으로만 해석하는 한계를 보였다. 그럼에도 우리가 그의 신학적 방법론에 주목해야 할 이유는 기독교 신학을 특정 종교적 교리에 머물게 한 것이 아니라 더 넓은 인간의 경험과 연결해 나감으로 기독교와 현대적 가치관 사이의 간극을 매워나갔기 때문이다. 이처럼 폴 틸리히가 보여 준 신학적 방법론은 교회가 선교적 의무를 수행함에 있어, 나아갈 길을 보여 준다. 현시대의 신학은 대중들에게 멀게만 느껴지는 전통적 기독교 진리를 현대인의 문화와 언어로 수용할 수 있는 길을 개척해야 한다.[9] 특별히 기독교가 가지는 고유한 인간됨의 의미를 변증할 수 있어야 한다.

기독교 신학의 입장에서 인간을 규정하는 가장 핵심 테제 두 가지는 바로 '하나님의 형상'과 '죄인'이다. 그중에서도 필자가 주목하는 주제는 하나님의 형상이다. 창세기 2장에 나온 창조 기사 속에 나타난 인간은 근본

---

9 김경재, 『폴 틸리히 신학연구』, (서울: 대한기독교출판사, 1987), 5.

적으로 신의 실재를 품은 존재로 묘사된다. 기독교 신학은 성경의 기술을 따라 인간이 신의 실재와 결합해 있는 존재로 인식하는데, 이 사상은 자연계 안에서 인간의 위치와 성격을 결정짓는 데 큰 영향을 끼쳤다.

특별히 기독교 신앙은 이러한 존재에 대한 인식을 B.C 4세기 헬라 철학자 아리스토텔레스의 사상인 형이상학적 방법론을 통해 발전시켰다. 형이상학은 존재자 혹은 세계가 추구하는 것의 근거를 철학적으로 탐구하는 학문이다. 신학자들은 형이상학을 통해 성경을 해석함으로 존재의 본질, 물리적 영역과 영적 영역 사이의 이분법적 관계, 하나님이 우주를 지배하는 근본적 원리를 설명하고자 하였다.

2세기 이후인 교부 시대부터 중세에 이르기까지 기독교 신앙을 헬라 철학적인 방법으로 해석하여 교리로 체계화하는 신학화 작업은 활발하게 이루어졌고, 이렇게 전통적으로 신앙 체계는 교회 공동체의 가르침으로 신자들에게 전하여졌다. 분명 과거 진리에 목말라하며 신앙의 본질을 세워 나가야 하는 시대에 기독교 형이상학이 끼친 영향력은 긍정적인 것이었다. 그러나 현대인들에게 성경적 인간관을 소개할 때, '신의 실재'에 대한 의미를 형이상학적으로 설명하기는 어렵다. 오늘날을 사는 우리에게 형이상학은 지나치게 추상적이고 난해하기 때문이다.

하나님의 형상론은 세계와 인간의 기원을 소개하는 성경의 진술을 근거로 발전한 사상으로 기독교적 인간 이해의 출발점이다. 기독교 신학에서 '하나님의 형상'은 참다운 인간의 실재성을 이루는 필수적인 요소이며, '인격'이라는 전체성을 통해 존귀한 존재임을 주장하는 근거이다. 그런데 기독교 형이상학은 인간의 구성을 논할 때 '영혼'과 '육'으로 분리되었다 생각하는 2분설 혹은 영-혼-육이 모두 분리된 것으로 보는 3분설 등으로 이해하며 논쟁하여 왔다. 사실 인간은 영-혼-육을 예리하게 분리하여 이해할 수 있는 존재가 아니다. 인간은 하나님의 다양한 본성을 반영하고 있으며 육체적, 영적, 정서적, 사회적 차원을 포괄한 서로 간에 연결된 전인적인 존재이다. 특별히 예수 그리스도가 성육신 하시고 부활하신 사건은 하나님이 인간의 육체를 취하시고 육체적 부활로 구원이 완성됨을 보여 주는 것이다. 이와 같은 성경의 진술은 육체적 측면도 인간의 충만함을 이해하는 데 필수적인 것임을 의미한다. 초대교회가 고백한 몸의 부활은 헬라적, 이교도적 신화들과 구분되는 기독교 신앙의 독특하고 구별된 구원론의 정수이다. 그럼에도 우리는 전인적인 인간을 전체적으로 논하지 못하는 한계를 가지고 있다. 우리가 갖는 인간에 대한 연구는 인간에 관한 다양한 정의와 개념들, 그리고 이를 근거로 인간학의 다양한 형태를 통해 인간의 특정한 측면들을 이야기할 수 있을 뿐이다.[10] 필자가 인간 이해의 영역을 '하나님의 형상론'으로 제한하는 것은 그런 한계를 인정하기 때문이다.

우리가 인간학에서 하나님의 형상에 대해 논할 때 신학적 개념의 논리적 흐름을 따르다 보면, 그것이 인간의 영에 대한 개념과 밀접함을 깨닫게 된다. 기독교 신학은 인간의 구성을 2분법, 3분법 혹은 전인 등으로 갈등하긴 하지만, 이런 논의와 상관없이 인간을 영적인 존재로 이해한다. 따라서 우리는 기독교 신학의 진술대로 인간이 영적인 존재라는 테제 안에서 현대의 정황성과 대화해 나가며 발전해 나갈 것이다. 필자는 이 연구를 통해 현대를 사는 이들이 삶을 풍성하게 누리는데 약간의 유익을 제공할 것이라는 기대를 가지고 있다.

우리는 먼저 기독교 사상가들 사이에서 하나님의 형상을 이해하고 발

---

10 김균진, 『기독교신학 2』, 210.

전해 나간 역사적 과정을 짚어 보고자 한다. 초대 교부들은 하나님의 형상에 대한 개념을 어떻게 논의했는지, 그리고 중세 시대와 종교개혁기에는 어떠한 개념으로 발전했는지의 과정을 다룰 것이다. 그런데 본 서는 정통 신학의 인간론을 설명하고 그 의미를 논하는 데 그치지 않는다. 우리는 넓은 신학적 범주 내에서 현대 사상과 대면하며 비판적인 이해를 발전해 나갈 것이다. 특별히 현대의 신학 사상을 연구하기 위해서는 그 과정 가운데 있었던 포스트모더니즘과 실존주의 사상에 대해 말하지 않을 수 없다. 특별히 이러한 흐름에 특별한 영향을 끼친 몇몇 철학자에 대해서도 논할 것이다. 그중 상당한 비중을 차지하는 사람은 19세기 독일의 철학자 니체이다. 니체가 가지는 허무주의는 오늘날 기독교 신학에 적극적으로 혹은 반테제적으로 영향을 끼치고 있다. 특별히 그는 기독교 형이상학이 가지는 이원론적 관점이 이 세계를 폄하하고 지상의 생명을 평가절하하며 인간의 잠재력을 방해한다고 생각했다. 또한 기독교의 원죄 개념은 인간을 노예 도덕적 존재로 만들어 개인의 잠재력과 위대함의 발현을 억제하기에, 인간은 스스로 본연의 모습을 회복해야 한다고 주장하였다. 그의 사상은 근대를 지나며 인간을 이해하는 있어 새로운 패러다임을 제안하였다. 따라서 우리가 현대적 정황성을 논하기 위해서는 니체의 사상과 인간 이해에 대한 맥락을 이해할 필요가 있다.

또한 우리는 '하나님의 형상'에 대한 해석을 철학적-과학적 인간 연구 자료를 활용함으로 발전해 나갈 것이다. 우리가 인문학적 사상과 기독교 신앙을 논하기 위해서는 먼저 실존주의에 대한 논의가 필요하다. 19세기 후반에 발현된 실존주의 사상은 개인의 존재, 자유, 삶의 의미를 심도 깊게 탐구하는 철학운동으로 20세기 초반 신정통주의 신학이 형성되는 데 큰 영향을 미치었다. 특별히 유신론적 실존주의의 흐름인 키르케고르나 야스퍼스, 무신론적 실존주의의 흐름인 하이데거나 샤르트르의 사상을 깊이 이해하지는 못해도 그 맥락 안에서 인간 존재에 대해 어떠한 고민들이 있어왔는지 흔적을 찾아볼 것이다.

또한 우리는 실존주의 사상을 통해 시작된 새로운 인간 이해의 폭 안에서 행동주의적 인간학과 철학적 인간학의 연구 등을 다소나마 조명해 봄으로, 인간에 대한 이해를 넓혀나갈 것이다. 그리고 그 과정 가운데 우리는 판넨베르크의 인간학 연구에 많은 부분을 의존할 것이다. 판넨베르크는 자신의 인간학의 연구를 '기초 신학적 인간학'이라 명명하였다.[11] 우리는 그의 기초 신학적 인간학의 연구를 이해하는 데에도 상당한 비중을 둘 것이다. 그의 연구를 다시금 조명함으로, 철학-과학적 인간학 연구와 '하나님의 형상론'의 교차점을 이끌어 낼 때 신학적 인간학에 대한 사유 영역은 매우 풍부해질 것이다.

더 나아가 우리는 새로운 사조를 간직한 현대 신학자들이 어떠한 신학적 관점에서 인간을 이해하는가에 대해서도 다룰 것이다. 한쪽은 니체의 허무주의 사상을 기반으로 신학을 발전시킨 이들로, 영국국교회에 소속된 돈 큐핏, 존 쉘비 스퐁, 존 로빈슨 등 자유주의 신학자들이다. 그들은 전통적 기독교가 믿어왔던 초월적 신의 개념을 거부함과 동시에 인간 스스로가 본연적 의지를 통해 종교성을 극복하거나 발휘할 수 있다고 생각한다. 따라서 이들의 신학은 기독교가 본질적으로 변화를 꾀함으로 우리가 참인간성을 회복하도록 돕는 방향을 추구한다. 현대 기독교는 성경의 문자적 진술이 아닌 그 너머의 상징성을 통해 참인간성을 회복하여 도덕

---

11 볼파르트 판넨베르크, 『인간학 Ⅰ』, 박일영 옮김 (경북 칠곡군, 분도출판사, 1996), 20.

적 존재로서 인간의 주도성을 추구하도록 도와야 한다고 믿는 것이다. 다른 한편으로는 과정신학적 관점에서의 인간 이해를 논할 것이다. 과정신학은 기독교 전통의 신적 실재에 대해 긍정하면서 신의 전능성에 대해서는 회의를 가진다. 대신 신인협력적인 관점에서의 인간 존재를 긍정함으로 기독교적 악의 문제에 대한 모순을 극복해 나간다. 또한 인간이 지니는 창조성과 미학적 관점을 재조명함으로 풍부한 인간 이해의 내적 에너지를 제공한다. 우리는 이러한 논의 속에서 인간 존재의 의미를 보다 풍성하게 이해할 수 있다. 그러나 동시에 과정신학이 지니는 인간 이해의 한계에 대해서도 논의할 것이다.

본 서는 오늘날을 사는 우리에게 하나님의 형상을 지녔다는 것이 어떤 의미를 가지는 것인지 기독교적 관점으로 밝히고 그 속에서 인간의 존엄성과 인간 본질에 대한 깨닫는 데 궁극적인 지향점이 있다. 신앙 고유의 의미에서 하나님의 형상에 대해 가장 포괄적이고 발전적인 답을 제안한 사람은 감리회의 창시자인 존 웨슬리일 것이다. 그는 18세기를 산 인물이지만, 그의 사상은 현대인들이 느낄 영적 갈증을 미리 예견한 것처럼 탁월하고 통찰력 있다. 그의 인간 이해는 과거 형이상학적 관점의 한계를 극복하였다. 또한 그는 죄로 물든 인간이 하나님과의 관계성 속에서 하나님의 형상을 회복할 존귀한 존재임을 인지하며 살았다. 웨슬리의 인간에 대한 이해는 기독교 신앙 전반의 체계를 균형 있게 두루 잘 설명하고 있다. 그는 기존의 기독교 신앙의 구원론적 관점을 발전시켜, 인간이 성령 안에서 연합함으로 하나님의 형상의 온전한 회복할 수 있다고 믿었다.

뿐만 아니라 그는 인간의 실존과 공동체성을 강조함으로 개인의 구원을 넘어 사회적으로 소외되고 억압받는 사람들의 복지를 옹호하며 사회

정의 실현을 위해 솔선수범하는 모범을 보였다. 존 웨슬리는 기본적으로 신학이 교회의 실천을 위해 존재한다고 믿었기에 그의 사상은 곧 감리회 운동의 모토가 되었고 성장하는 신앙공동체의 모범이 되었다. 특별히 인간에 대한 그의 총체적인 이해는 개인의 변화와 사회적 변혁에 대한 적극적인 참여를 강조하였는데, 이런 실천성은 단순히 개인의 영적 각성을 넘어 산업혁명으로 혼란하였던 영국 사회를 정화시키는 데에도 중요한 역할을 하였다.

'하나님의 형상'이라는 개념은 인간이 신의 모상을 품은 채 창조되었고 신적인 어떤 특성을 공유한다는 믿음의 기반이다. 이 개념이 현대인에게 주는 가장 우선적인 유익은 모든 인간의 고유한 존엄성과 가치를 논하는 것이다. 우리가 다양한 신학과 사상 속에서 하나님의 형상을 논하는 이유도 이 인간 고유의 존엄과 가치를 돌아보기 위함이다. 보다 발전적으로 하나님의 형상을 지닌 우리가 서로의 문화적, 민족적, 이념적 가치를 뛰어넘어 공통의 기원과 참인간성의 의미를 찾음으로 다양성 가운데서 일치함의 의미를 깨닫길 소망한다. 현대인들은 자존감의 상실로 고통받고 있다. 그들의 내면에 우리 안에 있는 고유한 자질과 잠재력을 깨달아 성장하는 계기가 된다면 무엇을 더 바랄 수 있을 것인가? 무엇보다 가장 바라는 것은 하나님께서 우리와 함께하시며 그 믿음을 통해 우리가 역경을 이겨갈 수 있는 변화와 성장할 수 있음을 믿길 소망한다. 이 글을 통해 우리 자신이 하나님 안에서 이 사회와 우주 가운데 연결된 관계성 안에 존재하는 귀한 존재임을 깨닫는 데 작은 도움이 되길 기대해 본다.

II.

하나님의 형상에 대한
역사적 논의

3. 하나님의 형상과 모양 – 형이상학적 이원론

전통적으로 기독교 사상은 세계와 인간의 기원을 중요시하였다. 성경은 이 모든 세계가 하나님의 선한 목적에 의해 창조되었음을 기술함으로 그 방대한 계시의 막을 연다. 중세 위대한 신학자로 일컬어지는 토마스 아퀴나스는 우리가 갖는 피조물에 대한 견해가 하나님을 이해하는 데 결정적인 영향을 끼친다고 생각했다. 특별히 성경은 천지창조의 위대한 기사 가운데서 가장 중요한 부분을 인간을 지으신 사건에 투자하고 있지 않은가? 그것은 기독교 사상 안에서 세계와 인간의 기원이 얼마나 중대한 위치를 차지함을 보여 준다. 인류 창조의 사건은 우주에 대한 시각과 하나님에 대한 견해, 그리고 피조물인 인간에 대한 이해와 깊은 상관성을 지니고 있다.[12]

초기 기독교는 인간의 본성과 목적, 잠재력이 인간 안에 부여된 하나님의 형상 안에 있다고 생각했다. 그들은 이러한 인간 본연의 특징으로 인해 개인이 영적이고 도덕적으로 발전할 수 있는 존재이며 하나님과의 교제를 통해 구원에 이를 것이라고 기대하였다. 인간은 신앙 안에서 상호 연결되어 그리스도의 몸을 이룸으로 공동체 안에서 강한 결속과 사명의 감당

---

12 고든 루이스&브루스 데머리스트, 『통합신학 II』, 김귀탁 옮김 (서울: 부흥과 개혁사, 2010), 21-22.

을 이뤄 가야 할 존재였다. 특별히 그리스도를 영접함으로 개인의 회심이 신자를 구원에 이르는 존재로 다시 태어난다는 믿음을 가지고 있었다.

초기 기독교가 가지는 인간 이해의 큰 특징 중 하나는 고대 그리스 철학의 영향을 받은 형이상학적 관점을 반영하는 것이다. 형이상학은 눈에 보이는 세계 너머의 본질적이고 영원한 것을 전제로 그것에 이르고자 하는 인간의 정신적 노력을 긍정하였다. 이 세상은 비본질적이고 유한하지만, 하나님의 나라는 영원하고 최종적으로 이르러야 할 나라라는 이원론적인 사고관을 가지고 있었다.[13] 특별히 성경은 하나님과 우주 속에 존재하는 유한한 만물들 사이의 관계가 질적으로 차별됨을 전제로 고백한다. 성경은 이 세계가 신적 실재를 지닌 공간은 아니며, 가장 차별화된 존재인 인간조차도 신성과는 구별된 존재임을 밝힌다. 그럼에도 인간이 하나님의 형상, 곧 신적 실재를 지닌 존재임을 강조하는데, 그것은 인간이 모든 피조 세계 중 가장 구별된 존재임을 보여 주는 근거가 된다. 창조의 여섯째 날, 혹은 여섯 번째 단계에서 하나님은 창조 사역의 클라이맥스를 '자신의 형상을 지닌 존재'인 인간을 창조하신다. "우리가 사람을 만들자"(창 1:26), "하나님이 자기 형상 곧 하나님의 형상대로 창조하시되 남자와 여자를 창조하시고"(창1:27)의 성경적 본문은 인간이 다른 피조물과는 구별된 존재임을 강조한다. 이 본문은 인간의 본질에 대해 다루는 가장 중요한 본문이다. 인간은 하나님의 결심을 통해, 그분의 형상대로 지음 받은 존재이다. 더 나아가 인간은 "땅에 충만하라"는 명령을 받는 존재이다.

성경은 최초의 인간인 아담의 기원에 대해 다음과 같이 설명한다. "여호와 하나님이 땅의 흙으로 사람을 지으시고…"(창2:7) 여기서 하나님이

---

13 김균진, 『기독교신학 2』, 215.

인간을 창조하는 장면은 장인이 작품을 만드는 모습을 함축하고 있다. 인간이 땅의 흙으로 지어졌다는 것은 인간이 땅에 속해 있는 존재임을 상징하는 것이다. 그러나 인간은 하나님이 생기를 그 코에 불어넣으신 존재이다. 아담의 물질적인 몸은 하나님의 직접적인 창조활동을 통해 생기를 부여받는다. 모세 5경을 구성하는 4대 문헌 중 하나인 야웨스트 문헌에서 다른 동물들은 흙으로 지음을 받았지만, 인간만은 생기를 통해 생령이 된 유일한 존재로 기록된다. 하나님 말씀의 권능에 의해 존재와 생명을 얻은 다른 피조물과 달리, 인간만은 하나님의 흙을 다듬는 장인 정신과 숨을 불어넣는 은혜로 인해 생령이 된 존재인 것이다.[14]

인간은 창조 사역 안에서 다른 피조물과 구별된 특별한 지위를 지닌 피조물이다. 스위스의 신정통주의 신학자 에밀 브루너는 인간이 하나님의 형상 속에서 창조된 것은 그 근거로 생각했다. 이것은 성경이 기술하는 하나님의 형상이 인간 자체를 진술하는 데 그치는 것이 아니라 인간 창조에 관한 진술이기에, 창조 사건과 관련하여 인간의 품격에 대한 논의로 발전할 수 있다.

앞서 언급한 대로 '하나님의 형상과 모양을 따라 만들어진 인간'에 대한 논의는 초대교회 때부터 인간의 기원과 존재를 이해하는 데 가장 중요한 부분으로 여겨졌다. 그런데 초기 교부 시대부터 종교개혁기 전까지는 '하나님의 형상'과 '하나님의 모양'에 대한 이해가 분리되어 있었다. 루터가 하나님의 형상과 모양이 히브리어 본문 정황상 동일한 것이라는 해석을 내놓기까지 초대 교부들과 중세신학자들은 이를 이분법적으로 해석하여 왔던 것이다. 가령 테르툴리아누스는 인간이 죄를 지은 후에도 그 안

---

14 고든 루이스&브루스 데머리스트, 『통합신학 II』, 45-48.

에 '하나님의 형상'은 보유하고 있는데, 우리가 성령의 새롭게 하심을 경험할 때 비로소 '하나님의 모양'을 회복하는 단계로 발전할 수 있다고 생각했다. 알렉산드리아의 오리게네스는 '하나님의 형상'이 타락 이후의 인간을 가리키며, '하나님의 모양'은 최종적으로 완성된 인간의 본질로 생각했다.

한편 이레니우스는 '하나님의 형상'을 인간의 합리성, 혹은 자유로 보았는데, 아우구스티누스는 그의 생각을 더 체계화시켜 인간의 이성적 기능으로 보았다. 아우구스티누스는 인간의 이성이 하나님의 지혜를 비추는 거울로, 인간과 동물을 구별하는 기능을 가지고 있다고 생각했다. 그는 특별히 자신의 저서 〈삼위일체론〉에서 인간이 예수 그리스도를 따르는 지혜를 발휘할 때 하나님의 형상은 온전해진다고 말한다. 인간은 하나님 형상의 모범인 예수 그리스도의 빛을 받음으로 하나님 안에 머무는 존재가 된다는 것이다.[15] 그러나 인간이 죄를 지어 타락했을 때 인간의 이성 또한 부패하였다. 이로 인해 우리는 하나님을 알 수 없는 존재가 되었다. 하지만 하나님께서는 우리에게 아들 그리스도 예수를 보내 주셨고, 인간의 이성은 그런 하나님의 은총으로 인해 다시 새로워질 수 있다. 하나님의 형상대로 지음 받았다는 것은 결국 하나님의 구원 사역 안에서 인간 본연의 고결과 존엄을 회복할 수 있는 존재인 것이다.

4세기 로마의 락탄티우스는 '하나님의 형상'을 정치적 관점으로 발전시키려 했다. 그는 밀라노 칙령 직후 콘스탄티우스 1세의 초빙을 받아 궁정 신학자로 활동했는데, 성경의 진술 속에서 하나님의 형상을 지닌 인간 모두 동일한 존엄성과 본질을 지니고 있음을 깨달았다. 사실 고대 근동 종교 중에도 신의 모상을 지닌 존재를 언급하는 사상들은 있어 왔다. 그러나 당

---

15 성 아우구스티누스, 『삼위일체론』, 김종흡 옮김 (서울: 크리스천다이제스트, 1994), 216.

대 신의 모상설은 왕권을 적극적으로 변호하기 위한 어용사상에 불과했다.[16] 하지만 락탄티우스는 성경의 근거를 바탕으로 하나님의 형상을 통해 인간에게 권리와 책임이 주어짐을 정치적 관점으로 발전시켰다.[17] 이는 당대 인간의 권리에 대한 인식을 전환하는 데 큰 기여를 했으며, 오늘날 정치-사회적 존재인 인간의 존엄성 인식을 확대시키는 데에도 영향을 끼쳤다. 조금 더 깊이 있게 논하자면 하나님의 형상에 대한 이해를 공동체적인 관점으로 열었다는 점, 그리고 판넨베르크가 강조하는 인간의 '세계개방성'과 관계성으로서의 인식 틀을 마련했다는 점에서 큰 의미를 지닌다.

초기 교부들은 구원론적인 관점에서 인간을 이해하였다. 그들에게 있어 구원은 하나님과의 관계를 회복함으로 하나님의 형상과 모양을 온전하게 회복하여 영원한 생명에 동참하는 것이었다. 하나님의 형상이 회복된다는 것은 영생을 누리는 구원의 복된 상태에 이르는 것을 의미했다. 특히, 기독교 신앙의 수호자로 일컬어지는 아타나시우스는 아담과 하와가 에덴동산에서 누렸던 처음의 그 복된 상태가 회복되어야 함을 강조하였다. 그에 따르면 오직 인간만이 하나님의 생명과 관계를 맺으며, 그 생명의 능력을 부여받은 존재이다. 요한복음 저자가 고백하는 창조주의 말씀인 '로고스'와 이루는 사귐의 교제는, 처음 아담이 하나님과 에덴동산에서 누리던 완전한 관계가 회복된 것으로 본다. 그러나 그들은 인간이 죄를 범하였을 때 다른 피조 세계와 별개로 인간만이 타락 상태에 머문다는 생각을 가지고 있었다. 당시에는 인간의 문명과 기술이 다른 피조 세계의 운명에 이처럼 강력하게 영향을 끼칠 것이라는 생각하지 못했다. 그러나 오늘

---

16 판넨베르크. 『인간학』, 84.

17 알리스터 맥그레이스, 『신학이란 무엇인가』, 847-848.

날 생태신학 등에서 인간의 죄와 이기심이 지구의 공멸에 이를 수 있음을 돌아보건대, 신학은 시대정황의 반성과 발전의 영향을 받을 수밖에 없는 운명을 가지고 있음이 분명하다.

한편 카파도키아의 신학자들은 아담이 하나님의 형상으로 창조되었다는 성경 말씀을, 최초 인간이 죽음과 같은 인간을 괴롭히는 연약함에서 자유로운 존재였음으로 받아들였다. 예루살렘의 키릴은 인간에게 온전한 은총을 누리는 상황에서 군이 타락을 택할 이유는 존재하지 않았음을 강조한다. 인간의 타락은 하나님의 섭리와는 동떨어진 사건이었던 것이다. 그러나 인간은 하나님과의 신뢰보다 물질에 대한 유혹을 선택하는 결정으로 인해 타락하였다. 그 결과 인간의 본성 안에서 하나님의 형상은 완전히 훼손되었다. 키릴은 이러한 훼손된 형상이 유전된다고 보았는데, 모든 인류가 아담과 하와 사이에서 나왔기 때문에 누구나 훼손된 하나님의 형상을 공유한다고 보았다.

그러나 대부분의 그리스 교부 사상가들은 훼손된 하나님의 형상을 곧 인간의 타락이나 죄의 유전으로 연계하지는 않았다. 그들은 인간의 죄가 자유의지의 남용에 근거한다고 보았으며, 나지안주스의 그레고리나 니사의 그레고리는 아기들이 죄 없이 태어난다는 성선설을 지지하기도 했다. 학자에 따라서는 죄의 유전에 대한 사상은 아우구스티누스의 원죄론에서 발전한 것으로, 앞서 언급된 그리스 교부들의 사상과는 다소 대립하는 요소들이 있다 말한다.[18] 그러나 앞서 언급된 키릴과 몇몇 교부들의 전통 속에는 이미 원죄적 개념으로 발전해 나갈 많은 개념적 요소들이 잠재되어 있었다. 그들의 신학적 사유 속에는 이미 모든 인간이 아담과의 신비적인

---

18 알리스터 맥그레이스, 『신학이란 무엇인가』, 848.

연합 관계에 놓여 있으며, 아담의 불순종이 모든 인간에게 악영향을 미치고 있음을 인지했던 것이다. 또한 이들은 아담의 타락이 인간의 도덕적 본성에 의한 것이며, 인간이 지니는 탐욕과 정욕 등의 도덕적 결함은 아담의 죄에서 기인한 것임에 동의했다. 따라서 아우구스티누스 이전에도 아담의 죄가 알 수 없는 방식으로 인간에게 유전된다는 생각은 그들의 사유 저변에 인지되어 있었다. 그러므로 인간의 본성에 깃든 죄의 성향이 아담으로부터 영향을 받아 유전된다는 사상은 교부 시대부터 존재해 온 것이다.[19]

그럼에도 적지 않은 학자들은 정통 기독교의 신학은 아우구스티누스 때부터 시작하였다고 말한다. 아우구스티누스는 그의 신앙에 대한 사유를 철학적 도구를 통해 체계적으로 설명하기 때문이다. 익히 알려진 대로 아우구스티누스는 3세기 헬라 철학자 플로티노스의 사상인 유출설과 신플라톤주의를 기반으로 기독교 신학을 해석하였다. 그럼에도 그는 철학적 기반을 성경의 진술 속에 통찰력 있게 적용함으로 기독교 사상의 고유한 부분을 잘 해석하여 신자들의 신앙생활을 풍성하게 하는 데 기여하였다. 이후 기독교 신앙의 체계를 견고하는 데 기여한 또 한 명의 위대한 신학자는 10세기 캔터베리의 대주교였던 안셀무스이다. 그는 이성과 신앙을 조화시킴으로 소위 "신학은 이해를 추구하는 신앙"이라는 테제를 우리에게 남김으로 신학의 본질적 의미를 대중에게 이해시키는 데 기여하였다. 그는 유신논증을 통해 하나님의 실존에 대해 논의하였는데, 특별히 그의 존재론적 사유는 중세 스콜라신학이 아리스토텔레스의 형이상학적 방법론을 통해 발전하는 계기를 마련하였다.

이러한 과정 속에서 '철학은 신학의 시녀'라는 말이 공공연하게 사용되

---

19 알리스터 맥그레이스, 『신학이란 무엇인가』, 851.

었다. 이는 철학이 신학을 품는 진리의 명제를 명확하게 전달할 수 있는 도구로 받아들여졌음을 의미한다. 당시 사상가들은 교회의 가르침을 거룩한 상위적 개념으로, 철학을 그 거룩한 것을 이해하기에 지성적으로 미숙한 인간에게 도움을 주는 하위적 개념으로 이해했다. 그러나 그들의 사상은 점차적으로 아리스토텔레스의 철학과 분리되어서는 신앙의 의미를 설명할 수 없을 정도의 상황으로 발전하였다. 신앙을 온전케 하는 것이 목적이라는 그들의 주장과 달리 신학은 엘리트 지식인들을 위한 난해한 학문으로 변질되어 갔던 것이다.

4. 종교개혁기 - 성경만 가지고 보자

알프레드 노스 화이트헤드는 유럽 사상사의 가장 안전하고 일반적인 정의가 아우구스티누스의 사상에 각주를 끊임없이 첨가하는 것이라 말하였다.[20] 그만큼 아우구스티누스가 활동하던 4~5세기경 이미 기독교 신앙은 굉장히 단단한 가치 체계를 형성하고 있었다. 그런데 그때 형성된 서구 사상이 오늘날까지도 유효하다는 것은 새로운 사유로 전환하는 게 어렵다는 뜻이기도 하다. 사고방식이나 견해가 기존과 크게 달라지는 것을 코페르니쿠스적 전환이라 일컫는다. 코페르니쿠스는 과거 지구가 우주의 중심으로 천체가 운영된다는 과거 과학신학적 견해를 부정하고 태양이 중심이 되고 지구가 그 태양을 돌고 있다는 지동설을 주장했다. 당시로서는 상상할 수 없을 만큼 급진적인 변화였기에 그의 주장을 혁명적이라고 해도 과언은 아닐 것이다. 그런데 인간학에 있어서도 가히 코페르니쿠스적 전환이라 할 만큼 혁신적인 개념의 전환이 일어났다. 코페르니쿠스와 비슷한 시대를 공유한 종교개혁의 선구자 루터는 '오직 성경으로'(Sola Scraptura)라는 테제 안에서 하나님의 형상에 대한 인식의 전환 혁신적으로 이루어 낸 것이다. 그리고 그의 후계자들은 성경 안에 있는 기록을 중심으로 인간에 대한 이해를 발전해 나가는 계기를 맞이하였다. 우리는 종

---

20 A. N. Whitehead, Process and Reality (New York: The Free Press, 1978), 39.

교개혁기 전후 하나님의 형상에 대한 인식이 어떠한 전환 발전하였는지에 대해 다루어 볼 것이다.

중세의 스콜라 학파 신학자들은 초대 교부들과 마찬가지로 '하나님의 형상'에 대해 논할 때, 여전히 창세기 1장 26절에서 '형상'과 '모양'의 개념을 분류하여 주목하였다. 카톨릭 신학은 특히 이레니우스와 아우구스티누스의 헬라적 형상론을 토대로 '형상'과 '모양'의 이분법적 개념을 답습하는 정체 상태에 머물러 있었다. 다만 중세 카톨릭 신학은 토마스 아퀴나스 이후로 기존의 기독교 신학 체계를 아리스토텔레스의 형이상학적 관점을 바탕으로 존재론적으로 해석하는 경향을 보였다. 아퀴나스는 형상(imago)은 이성적 능력으로, 모양(similito)을 거룩한 초자연성으로 단정하였으며, 이를 통해 신에게 부여받은 신적 실재의 개념은 자연과 초자연의 이원론적 이해로 굳어져 갔다. 그들에게 '형상'은 합리적이고 이성적이며, 개인적인 개념으로 굳어졌다. 이 사상에 따르면, 인간은 하나님의 형상과 모양에 따라 지음 받았지만, 타락으로 인해 초자연성인 '모양'을 상실하였다. 그러나 인간의 본래적인 본질인 '하나님의 형상'이 지니는 자연성 안에서, 인간의 이성과 그 이성을 통해 말씀하시는 하나님의 은혜로서 잃었던 '하나님의 모양'을 회복할 수 있다. 따라서 인간 안에 남아 있는 하나님의 형상을 통해, 다시 하나님의 은혜를 받게 되는 것이 가능해진다.[21]

그러나 루터는 1300년간 이어진 스콜라적인 철학적 형상 이해의 전통을 깨고, '하나님의 형상'에 대한 이해를 철저하게 성경의 진술을 바탕으로 체계화했다. 루터에게 인간이 가지는 하나님의 형상은 헬라적 형이상학적 사유를 통해서는 절대로 해석할 수 없는 것이었다. 그는 인간의 이성

---

21 한수한, 『영적 존재에로의 인간학』, 186-187.

을 최고로 생각하는 아리스토텔레스의 진술에 대해 반박하며, 성경 자체로서의 권위와 진술을 강조하였다.[22] 성경을 올바르게 이해하기 위해서는 고대 형이상학적 철학에 앞서 먼저 하나님의 계시를 이해하고 수용하는 모습이 필요하다. 그는 하나님의 형상론에 대한 생각을 다음과 같이 진술한다.

> "하나님의 모양과 형상은 하나님의 참되고 완전한 알려지심이고 하나님의 온전한 사랑이며 영원한 생명이며 영원한 가르침이며 또한 영원한 비밀이다."[23]

루터는 성경학 박사 학위를 가지고 있었으며, 특별히 대학에서 시편을 강의할 정도로 성경 원어와 성경적 정황 연구에 능통하였다. 그는 특별히 히브리어에 대한 이해가 탁월했는데, 성경을 연구하던 중 창세기 1장 26절에서 기록된 '형상'과 '모양'이 개별적 의미를 품은 별도의 개념들이 아니라 하나의 병행 귀에 불과하다는 것을 발견했다. 즉, 형상과 모양은 같은 의미를 담은 말이었다. 그는 스콜라 학파의 사상가들이 인간의 근원적인 의로움과 본성의 의로움을 분리하는 것에 적극적으로 반대하였다. 루터는 모양과 형상의 개념을 단일한 것으로 일원화시킨 후, 성경적 진술을 성찰한 결과, 인간은 하나님의 형상으로 창조되었고 타락으로 인해 하나님의 형상이 완전히 훼손된 상태임을 깨달았다.

---

22 마틴 루터, "창세기 3장 죄와 희망", 『루터선집 1-루터와 구약〈1〉』, 지원용 옮김 (서울: 컨콜디아사, 1981), 51.

23 한수한, 『영적 존재에로의 인간학』, 188.

루터에게 하나님의 형상은 '원래의 의(Justitia originalis)'를 의미하는 것이었다. 그러나 인간의 타락으로 우리는 이것을 완전히 상실하였다. 즉 인간 안에 있는 하나님의 형상은 전적으로 타락하여 부패한 것이다. 의는 인간 본성의 한 부분이었지만, 타락함으로 인간의 본성을 상실하는 과정 속에서 전적으로 부패한 존재가 되었다. 제네바의 종교개혁자인 존 칼빈 역시 루터의 이러한 '하나님의 형상'에 대한 이해를 계승하였다. 그에 따르면 히브리인들에게 있어 한 가지 사실을 두 번씩 반복해서 사용하는 예가 많았는데, '형상'과 '모양' 역시 사람이 하나님을 닮았음을 반복적으로 강조한 것이다.[24] 그러나 이러한 하나님의 형상은 인간의 육체나 이성, 지성으로 환원될 수 있는 영역은 아니다. 칼빈은 이렇게 말했다.

> "영혼이 사람인 것은 아니지만, 그러나 사람의 영혼을 염두
> 에 두고서 사람을 가리켜 하나님의 형상이라 부른다 해도
> 그것은 모순이 아니다."[25]

이후의 칼빈주의 개혁신학자들에게 있어 하나님의 형상은 인간이 창조될 때 하나님께로부터 받은 영적인 특질로서 참된 지식, 의, 성(聖)의 의미를 담는 것으로 이해되었다. 인간은 죄로 말미암아 타락함으로 참된 지식과 의, 성(聖)을 상실했음에도 불구하고 하나님의 형상을 지닌 존재로 말할 수 있다고 보았는데, 이는 인간이 물질적 실체에만 메이는 존재가 아니라 영적인 실체도 지녔기에 가능하다. 그들에 의하면 인간은 하나님의

---

24 존 칼빈, 『기독교강요-상』, 원광연 옮김 (경기도 고양시: 크리스천다이제스트, 2006), 226.

25 존 칼빈, 『기독교강요-상』, 227.

형상을 부여받음으로 말미암아 다른 모든 피조물보다 뛰어난 존재가 되었다. 그러나 인간이 타락함으로 하나님의 형상은 너무나 부패하여 기형적인 모양으로 훼손되어 버렸다. 즉 인간은 하나님 형상의 본질적인 모습을 잃어버린 실존 가운데 놓여 있는 것이다

종교개혁자들이 형상과 모양에 대한 개념을 하나로 인식하면서, 성경을 통해 스콜라적이고 헬라적인 이원론을 극복하고자 한 노력은 고무적이었지만, 여전히 형이상학의 모호함을 떨쳐내지 못하는 한계를 보였다. 그들은 인간 존재 안에 초월적 신비의 영역이 존재하며 그 요소가 2분법 내지 3분법적일 것이라는 소모적인 논쟁을 이어 갔다. 그러나 유대교 전통의 연장선에서 기독교를 연구한 학자들은 2분법과 3분법 모두 헬라 사상, 특별히 형이상학적 해석의 유산이며 처음 유대인 중심의 공동체였던 초대 제자 공동체가 생각한 인간상과는 상당히 간극이 있을 것으로 본다. 특별히 개혁주의 사상의 연장성에서 현대에 근본주의 신학이 발생한 배경 역시 이러한 기독교 형이상학을 극복하지 못한 한계와 연계된 모습을 보인다.

그럼에도 개혁주의 사상가들은 신학적 인간론의 새로운 방향을 제안하였고 그로 인해 기존의 헬라 철학적 방법론을 벗어나 총체적이고 다양한 연구로 나아갈 길을 제시하였다. 기독교는 타락한 인간이 여전히 이성을 가지고 있고, 자유를 가지며, 타락한 양심임에도 불구하고 때때로 선을 생각하고 언어를 사용한다는 사실 등 다양한 인간만의 특징에 대해 신학적인 대답을 찾아야 했다. 타락한 형상을 지닌 인간이 '인간만의 독특한 요소'를 가진 것에 대해 우리는 어떻게 신학적으로 설명할 수 있는가? 과연 그동안 하나님의 형상에 대한 논의를 너무 단면적으로만 바라보기에

대답이 제한적이었던 것은 아닌가?

감리회의 창시자이며 당대에 영국국교회 사제로서 종교개혁의 주류적 흐름을 계승했던 존 웨슬리는 타락한 하나님의 형상에 대한 설명을 보다 포괄적인 관점으로 발전시킨다. 특별히 존 웨슬리는 하나님의 형상을 세 가지 방법으로 설명한다. 그것은 자연적 형상과 정치적 형상, 도덕적 형상이다. 존 웨슬리는 타락한 인간의 실존과 하나님 형상의 부패가 루터나 칼빈의 생각보다 심각한 상태에 있음을 경각시킨다. 웨슬리에게 하나님의 형상은 하나님으로부터 끊임없이 공급받아야 할 어떤 것이다. 그것은 사랑의 본질이신 하나님과의 관계 안에서, 하나님의 부르심으로 인한 인간의 운명을 의미한다. 그러나 웨슬리에게 있어 인간이 지니고 있는 가장 본질적인 하나님의 형상을 이해하는 방법은 '도덕적 형상'에 대한 논의이다.

도덕적 형상은 "의로움과 거룩함"(엡4:24)을 지녔던 최초의 인간 본연의 모습이다.[26] 하나님은 본질상 사랑이시다. 그러나 인간은 처음 지음 받을 때 가졌던 하나님과의 관계를 등지고 인간의 불안정함과 불안, 거짓, 자만과 무책임함 등으로 드러나는 부패한 관계성을 그 자리에 채웠다. 웨슬리는 하나님의 사랑을 저버린 죄인 된 인간의 실존을 도덕적 형상이 아닌 '악마의 형상', 즉 교만과 아집에 빠진 채, 멸망할 짐승의 형상인 관능적 욕구와 정욕에 빠진 것[27]이라 말하였다. 하나님의 형상이 부패되어 버린 인간은 자신의 이성과 의지, 자유를 멸망의 결과를 향해 사용하였고, 하나님의 사랑은 그의 영혼 속에서 소진되어 버렸다. 즉, 죄인 된 인간의 실존은 하나님의 생명으로부터 소외되어 있는 영적인 죽음의 상태인 것이다.

---

26 존 웨슬리, "신생", 『웨슬리설교전집 3』, 조종남, 김홍기, 임승안 외 공역 (서울: 대한기독교서회, 2006), 187.

27 존 웨슬리, "신생", 『웨슬리설교전집 3』, 189.

이 영적인 죽음에서 다시금 하나님의 형상을 회복하기 위해서는 성령의 역사가 필요하다. 성령은 선행적으로 은혜를 베풀고 그리스도 예수를 주로 영접할 때. 그 안에 내주함으로 신비적인 연합 속에서 부패한 하나님의 형상을 회복케 한다. 그것은 곧 그리스도 안에서 하나님과의 관계가 회복되고 그 사랑을 이웃에게 반영하는 도덕적 형상의 회복을 의미한다.

종교개혁기의 '하나님의 형상'에 대한 이해의 전환은 형이상학적 난해함으로 일부 지성적 엘리트들에게만 논의되던 인간의 존엄성과 가치에 대한 주제를 대중들의 가슴으로 끌어내렸다는 성과를 거두었다. 과거 인간의 이성과 지성으로 혹은 자연과 초자연의 개념으로 대중들에게 하나님의 형상을 이해시키는 것은 너무나 난해하고 어려운 일이었다. 그러나 인간의 실존을 영적인 존재, 혹은 하나님과의 관계성 안에서의 존재로 설명한 종교개혁자들의 '하나님의 형상론'은 당시 대중들이 가슴으로 공감할 수 있는 살아 있는 신학이었다. 특별히 존 웨슬리는 신자가 성령과 연합하여 거듭남으로 하나님의 형상을 온전히 회복할 때 성화하여 하나님의 선한 일을 행할 수 있다고 생각했다. 그의 사상은 단순히 신자의 사유속에 머물지 않았고 당시 타락한 영국 사회를 구원하는 계기를 마련하였다. 웨슬리는 인간의 존엄적 가치와 영혼 구원의 구령을 사회적 약자를 향한 사랑의 실천으로 증명하였다. 존 웨슬리를 비롯한 종교개혁기 신학적 인간학에 대한 논의는 그리스도인들이 자신의 삶 속에서의 인간으로서의 존엄성과 정체성을 확립하는 데 큰 기여를 하였다.

5. 인간을 연구하는 새로운 패러다임이 열리다

나는 누구인가? 나는 어디서 왔는가? 나는 왜 존재하는가? 인간에 관한 물음은 인류의 역사만큼이나 오랫동안 반복되어 온 물음이다. 그것은 동서고금을 막론하고 끊임없이 반복되는 보편적 물음이기도 하다. 자연계 안에는 수없이 많은 존재자들이 있지만, 오직 인간만이 자기 자신에 관해 묻고 그 답을 찾는 데 목말라한다. 현대에 들어 우리의 갈증은 인간이 단지 시간과 우주 공간 구석에 흩어지는 먼지와 같은 우연의 산물인지, 아니면 그 이상의 가치를 지니고 있는 존재인지에 대한 의구심을 해갈하는 데 있다. 사실 인간 이외의 다른 존재자들은 자신에 대해 묻지 않는다. 심지어 고등 동물들조차 자신의 환경을 감지해 나갈 뿐, 이 환경을 초월한 드러나지 않는 세계에 대한 질문을 가질 수 없다. 오직 인간만이 질문을 가질 수 있고, 오직 인간만이 이러한 질문의 필요성을 가진다.[28]

현대의 모든 신학적 논쟁은 인간학에서 그 근거를 찾고자 한다. 이것은 현대 철학의 신 관념이 인간 주체성의 전제조건임을 근거로 하기 때문이며, 이로 인해 우리는 더 이상 세계로부터 신을 생각하지 않고 인간으로부터 신을 생각하게 된다. 신에 대한 문제는 이제 자연 그대로의 세계가 아니라 세계 속에서 자기 자신의 현존에 대한 인간적 경험에서 출발한다. 우

---

28 심상태, 『인간-신학적 인간학 입문』 (서울: 서광사, 1989), 19-20.

리는 더 이상 자연현상의 제1원인이라는 물리적 증명을 위해 우주 질서로부터 신을 추론하지 않는다. 오히려 "신이 인간의 현존의 모든 행위에서 필수적인 전제가 됨을 증명하기 위해 인간의 현존과 경험으로부터 논리를 전개"하는 것이다.[29]

알려진 바와 같이 전통적으로 인간의 현존과 경험은 신학적 논리 전개에 있어 부수적인 요소에 지나지 않았다. 그러나 현대 과학의 발전 이후, 자연현상의 제1원인으로의 신 존재는 더 이상 설 곳을 잃게 되었다. 신학과 과학의 문제는 복잡하고 다양한 이슈들을 가지고 있으며 이로 인해 현대 자연과학 안에서 신성에 대한 가치도 변화되었다.[30] 자연과학의 발전과 함께 17-18세기에는 물리학적 신학이 더 이상 설 자리를 잃게 되었다. 현대 신학의 논점은 현대 정신계의 전반적 반영 속으로 축소되기 시작했으며, 현대 철학과 그 걸음을 맞추는 경향이 있다. 그런 사상적 영향을 받아 최근 신학의 사고방식도 인간중심주의로 가고 있다.[31]

그러나 현대 기독교 신학이 인간중심주의로 전환되는 이유가 비단 철학적이고 과학적인 이유에 한정되는 것은 아니다. 초기 기독교 신앙은 하나님의 사람됨, 곧 그리스고의 성육신에 집중하고 있었다. 개인의 구원을 중요시하는 서구 아우구스티누스 신학의 전통 또한 인간에 대한 신학적 관심에 집중되어 있었으며, 종교개혁은 죄와 은총이라는 신학적 주제가 철저하게 개인적 종교 생활의 문제로 환원되도록 만들었다. 기독교 신학 자체가 인간의 구원 문제에 집중되어 있으며, 신학함의 동기가 현대 기독

---

29 볼파르트 판넨베르크, 『인간학 Ⅰ』, 9-10.

30 Langdon Gilkey, "Nature As The Image Of GOD: Reflections On The Signs Of The Sacred", *Zygon*, Vol. 29 No 4 (Dec, 1994), 489.

31 볼파르트 판넨베르크, 『인간학 Ⅰ』, 10.

교 신학을 인간중심주의로 환원시키는 데 지대한 공헌을 했음도 부정할 길은 없다. 물론 오늘날 기독교 신학이 인간학적인 면에 집중하게 된 배경을 깊이 이해하기 위해서는 현대 사상사 전반의 발전 추이를 돌아볼 필요가 있다.[32]

중세에는 계시가 모든 논쟁의 합법성을 가리는 역할을 한데 반해, 현대는 보편타당함이 그 역할을 맡고 있다. 보편타당성은 현대의 인간학 혹은 인간학적 논제들이 지니는 근본적 의미를 논하는 데 크게 기여한다. 과거 기독교가 사회의 정신적 통일성을 유지하는 데 기여한 것처럼 오늘날에는 인간성의 가치와 인권에 대한 이해가 사회 공동생활의 토대를 이룬다. 따라서 기독교 신앙과 복음 선포가 현시대에 그 가치를 인정받기 위해서는 이 시대의 정황에 맞물려 보편타당성을 인정받아야 한다. 여기서 기독교 신학은 인간됨의 의미를 밝히는 토대에 기여하든지 아니면 인간 자기 소외의 부작용에 기여할지에 대해 반성적으로 논의해 나갈 필요가 있다. 만약 긍정적인 방향을 원하면 현대 기독교 사상은 일반적인 인간적 이해를 수용하며 그 타당성을 확립해 나가야 한다. 현대인에게 진리 여부는 '인간화인가? 자기 소외인가?'의 문제에 따라 결정되는 경향이 있다. 우리는 이러한 시대적 경향을 이해하면서 인간의 의미를 논함에 있어 더욱 깊이 있는 통찰력을 요구받고 있다.[33]

특별히 현대인들에게 있어 우리가 죄로 인해 하나님의 형상이 부패한 존재라는 교리, 즉 죄인의 실존을 다루는 인죄론은 가장 불편함을 주는 사상 중 하나이다. 근본주의 신학자들은 이 사상을 통해 정통적 기독교 교

---

32 볼파르트 판넨베르크, 『인간학 Ⅰ』, 11.

33 볼파르트 판넨베르크, 『인간학 Ⅰ』, 14.

리 사상을 이해하지 못한 인간은 그 존재가 하나님께로부터 부정당할 것과 같은 두려움을 심어준다. 그러나 이것은 복음에 대한 진정한 이해가 부족하기 때문에 나타나는 경직된 현상이다. 교회의 교리가 체계화되는 과정에서 나타난 문제 중 하나는 하나님과 인간 사이의 형성 되는 실제적이고 관계적인 신앙을, 지나치게 지적으로 개념화, 체계화한 후 그것만을 진리인 양 추구하는 데 있다. 이러한 현상을 교조주의라 부른다. 교조주의는 관념화된 신학을 절대적인 진리라고 주장하고 그에 대한 비판적인 입장을 권위적이고 폐쇄적으로 접근하는 한계를 보인다. 특별히 근본주의 신앙은 독단적인 확증편향으로 이어져 자신들의 신념을 뒷받침할 자료는 무분별하게 수용하고, 자기주장과 모순되는 정보는 객관적 증거를 기반으로 해도 무시하거나 거부하는 모습을 보인다. 이런 모습은 때때로 이성적-합리적 사고방식에 익숙한 현대인들에게 기독교가 편협하고 무례하다는 거부감을 일으키는 동기로 작용한다.

또한 근본주의 신학은 가슴으로 만나야 하는 하나님을 인간의 머릿속에 머물게 하는 데 지나친 에너지를 소모한다. 성경 속에서 드러난 계시는 하나님과의 인격적인 교제와 나눔을 경험한 공동체의 정황 가운데서 우리에게 전해진 것이다. 그러나 기독교적 신앙의 역사적 정황성과 신앙공동체 속에 적용된 하나님의 뜻을 잃어버린 채, 성경 문자주의적 해석에 근거한 교의적 선언에 정체되어 있을 때 복음은 경직되고 축소된다. 존 웨슬리는 기독교를 마음의 종교이며 동시에 참된 종교라 말하였는데, 이는 기독교 신앙이 의와 화평과 사랑 안에서 성결과 행복을 누리는 것임을 의미한다.[34] 즉 참된 기독교는 두려움을 담보로 인간이 하나님께 복종함을 요

34 존 웨슬리, "하나님 나라로 가는 길", 『웨슬리설교전집 1』, 조종남, 김홍기, 임승안 외 공저 (서울:

구하는 것이 아니라 하나님과의 만남과 관계 가운데 참된 자유와 행복을 느끼는 신앙이다.

사실 기독교 신학의 인죄론에 대한 논의가 대중에게서 거부당하는 원인은 비단 근본주의적 신학의 경직성 때문만은 아니다. 오히려 더 큰 지분은 근대사상 속에 발현된 낙관주의와 인본주의 사상에 있다. 계몽주의 이후, 철학자들은 줄곧 인간의 이성과 자유가 가지는 위대함을 설파하여 왔다. 그들은 기독교가 죄인이라는 명목하에 인간의 자유와 재능을 억압해 왔다고 말한다. 계몽주의 사상가들은 인간 본연의 위대함을 변증하고 인간 중심의 세계관을 체계화하기 시작하였다. 실제로 중세 시대의 거대 담론으로서 인죄론은 대중을 종교 권력으로 억압하는 역할을 해왔다. 그러나 르네상스 이후의 인본주의자들은 인죄론 교리를 해체해야 한다고 주장하였고 그로 인해 인간관에 대한 접근 방법도 급격하게 전환되었다. 어떤 이들은 심지어 중세와 근세의 기준을 세계관이 신본주의에서 인본주의로 전환된 르네상스를 기준으로 분류하지 않는가? 그 사상적 전환의 중심점에는 인죄론의 영향이 적지 않다. 이런 상황 속에서 우리는 어떻게 현대인들에게 부패한 하나님의 형상을 지닌 인간 존재와 그 회복의 의미에 대해 논의할 수 있는가? 이를 위해 우리는 중세 후기와 근대에 있었던 인간의 이해의 전환 과정을 통해 다루어 볼 필요가 있다.

사실 역사적으로 인간에 대한 사유는 계속하여 그 중심축이 변화하여 왔다. 기독교 신학의 경우 계몽주의 시대에는 이신론적 관점하에서 자연주의적인 인간상이나 도덕적 합리주의 속 인간상을 주로 논의하였다. 이신론이라 함은 하나님이 창조행위 후 인간세계에 대해서 더 이상 자의적

___

대한기독교서회, 2006).

으로 개입하지 않으며 자연 속에 내재된 합리적인 법칙에 의해서만 우주적 통치가 이루어진다는 사상이다. 따라서 신은 인간 세상에 개입하지 않으며 인간은 자연의 일부로서, 그럼에도 도덕적 존재로서 본연의 가치를 찾아가야 하는 위치에 놓인 것이다.

그러다가 근대로 전환하면서 신학적 인간학은 인간을 구원하기 위한 구체적인 실천을 논하는 경향을 보였다. 특별히 18세기 후반부터 19세기 초반까지 활동한 신학자 슐라이어마허는 새로운 종교개념을 정립하였다. 그는 기독교를 경직된 교리적 체계 보는 대신 종교의 경험적 측면을 강조하는 신앙으로 보았다. 기독교 신앙은 마음과 영혼의 문제를 개인적이고 주관적인 영역에서 하나님과 감정적으로 연결하는 것이다. 그의 기독교에 대한 새로운 개념은 이후 신앙인 개인의 회심을 요구하는 '각성의 신학'과 경험론에 근거한 자유주의 신학, 그리고 불트만-바르트의 실존주의적 복음 이해에 대한 주관주의적 신앙으로 발전하였다. 신앙이 개인의 심리적 차원으로 전환하면서 근대의 신학적 논쟁 가운데 많은 부분이 인본주의적 관점으로 쏠리기 시작했다. 신에 대한 개념을 인간 주체성을 전제로 논의하며 발전시켰기 때문에 근대 사회는 더 이상 세계로부터 신을 생각하지 않았고, 인간으로부터 신을 생각하게 되는 패러다임의 전환이 일어난 것이다.

이 시기의 신학적 특징 중 하나는 '경험론'을 근거로 한 성경 해석과 공동체의 적용이다. 신에 대한 문제는 이제 초월적 존재로서의 계시자가 아니라, 세계 속에서 인간의 현존에 관한 인간적 경험에서 출발하게 되었다.[35] 이후 과학은 복잡하고 다양한 이슈들에 대해 신학에 질문하였고, 신

---

35 판넨베르크, 『인간학 I』, 10.

학은 당시의 교조화된 경직성으로 인해 적절한 대답을 하지 못했다. 이러한 과정 가운데서 세속적인 문명의 영향이 사람들의 생활에 끼치는 영향력이 커짐으로써, 신성에 대한 생각은 점점 관심 밖으로 밀려나게 되었다. 자연과학이 발전함으로 증명된 관성의 법칙이나 우주의 생성 원리에 관한 역학적 이론은 과거 우주의 질서 원리로서의 신의 존재에 대한 회의를 가져왔다. 진리는 신의 존재로 인함이 아니라 수리적인 영역의 증명에 대한 과제로 대처 되었다. 이로 인해 근대 신학의 주요한 논점은 개인의 주관적인 영역으로 축소되었고, 많은 신학자들은 근대철학-과학을 적극적인 수용하는 자유주의 신학 연구에 집중하게 되었다.

근대 기독교 신학이 인본주의적 관점으로 전환되는 또 다른 이유는 시대적 정황에 의한 것이었다. 앞서 언급한 대로 종교개혁은 지식인 계층이었던 교부들의 머릿속에서 형이상학적 관점으로 다루어지던 죄와 은총이라는 심오한 신학적 주제를 대중들의 가슴으로 끌어내렸다. 종교개혁자들의 이러한 수고는 종교 생활의 문제를 경직된 공동체 관료성에서 개인적인 구원의 문제로 환원하는 데 기여하였다. 기독교 신학 자체가 인간의 구원 문제에 집중되어 있으므로, 이러한 신학적의 동기가 근대의 기독교 신학을 인간중심주의로 환원시키는 데 공헌을 하게 된 것이다.

아울러 17세기, 30년간 이어져 온 종교 전쟁에 대한 베스트팔렌 조약은 종교 권력으로부터의 세속 군주의 힘이 해방되었음을 선언하는 계기가 되었다. 베스트팔렌 조약 이후, 대부분의 기독교의 종파들은 국교의 지위를 잃게 되었으며, 특별히 카톨릭 국가였던 신성로마제국이 사실상 붕괴되고 주권 국가들의 공동체인 근대 유럽의 모습이 나타나기 시작했다.[36]

---

36 제럴드 크랙, "근대교회사", 『근현대교회사』, 송인설 옮김 (서울: 크리스천다이제스트, 1999), 10.

국가는 점차 종교적으로 중립이 되어 갔고, 신앙고백은 개인이나 신앙공동체 안에서의 개별관심사로 환원되었다. 종교가 국가와 분리되면서 사회의 정치-경제적 질서 또한 종교로부터 자치권을 성취했다. 정교분리를 통해 근대사는 새로운 국면을 맞이하게 되었고, 이는 종교가 개인의 내면의 영역에 머물게 된 계기가 된 것이다.

19세기에는 인간 실존의 모든 영역에서 역동적인 변화가 일어나기 시작했다. 당시 학문과 사상 역시 자연과학과 기계 과학, 사회학, 역사학 등의 발전으로 인해 엄청난 변화를 겪었다. 삶의 실용성을 기반으로 하는 지식이 관념적 지식보다 중시되기 시작했다. 학자들은 이러한 혁신을 바라보며 기독교가 주장하는 '신과의 관계 속에 존재하는 인간의 의미'를 외면하게 되었다. 근대 이후 기독교 신학 밖의 인간학은 더 이상 기독교 신학의 종파적 이론 체계나 종교적인 명시적인 대답에 영향을 받지 않았다. 이러한 사회적-학술적 분위기 속에서 19세기 신학 또한 인본주의적 관점으로 발전하게 되었고, 당대의 신학자들은 너무 쉽게 기존의 신학적 주제에 반대하여 인간의 자주성을 내세운 철학적 견해를 수용하였다. 칸트의 윤리철학으로 대표되는 인간의 주체성은 인간의 사고구조가 시간적 선후관계에 구애받지 않고 모든 경험의 바탕이 되는 이성적 주체로서 형성됨을 강조한다. 또한 이 시기에 일어난 반신학적 기조의 주창자들은 신학은 인간학에 관여하지 말아야 하며, 인간학은 자기 고유의 주제로 발전시켜야 한다고 주장하였다.

또한 근대과학은 인간을 신경계와 정신계로 분리하여 연구하였는데, 정신계는 종교에게 종교적 내면성이 인간이면 누구에게나 보편타당하다는 점을 입증하길 요구하였다. 보편타당한 종교적 내면성에 대한 선구적 논의는 신학적 도덕주의를 통해, 양심신학의 형태로 발전하였는데, 그 대표적인 사상가들이 바로 루소와 칸트이다. 이들의 연구는 이후 신학자들에게 적극적으로 수용되었으며, 이로 인해 종교의 도덕적 합리성이 신학적으로 체계화되었다.

그러나 슐라이어마허는 자신의 저서 『종교강화』를 통해 종교가 개인의 신앙심 안에서만 독립성을 지닌다고 주장하였다. 그는 종교가 인간의 감성 안에 있는 어떤 영역이기 때문에 종교의 보편타당성은 존재할 수 없으며, 인간의 개성 전체가 종교의 근원임을 역설했다. 따라서 슐라이어마허에게 있어 종교는 도덕이나 형이상학으로 대체될 수 없는 고유한 것이었다.[37]

그럼에도 전반적으로 근대의 인간학은 인간의 고유성을 종교적인 이유에서 찾는 것이 아니라, 자연계 안에서 고등동물의 존재 양식과 비교 고찰함으로 규정되었다. 인간을 우주의 질서라는 테두리 안에서 이해한 것이다. 자연계 속에 위치한 인간의 특별함에 대한 논의는 동물과의 비교 혹은 그 관계 속에서 주요한 연구 쟁점이 되었다. 이들 가운데에는 인간이 영적 존재라는 기독교적 견해를 완전히 부정하고, 동물적 육체와 정신적 영역을 지닌 인간의 특별함에 대해 논의하는 이들이 생겨나기 시작했다. 특별히 어떤 학자들은 육체와 영혼을 분리하는 이원론을 부정하고 인간 고유성을 그 육체적 특징 안에서만 이해하고자 하였다. 그들은 다윈의 진화론을 적극적으로 수용해 인간과 동물이 진화라는 연속성 아래 자연계에 존재한다는 관점 속에서 인간의 특별함을 논의하고자 하였다.

헤르더와 니체 등은 인간의 실존과 현상을 통해 인간을 정의하고자 한

---

37 볼파르트 판넨베르크, 『인간학 Ⅰ』, 13.

대표적인 선구자들이다. 오늘날의 심리학에서 영혼을 논할 때, 내면 통찰에 의해서가 아니라 외적인 행동에 대한 관찰, 즉 행동주의적 관점으로 논의하기 시작한 것은 인간 연구에 대한 또 다른 전환점이라고 할 수 있다.[38] 특별히 오늘날 화제가 되고 있는 A.I(인공지능) 역시 행동주의적 인간학 연구를 기반으로 만든 프로그램이다. 그들에 따르면 이성과 지성은 인간의 영적인 차원에서 존재하는 것이 아니라 극도로 발달한 인간의 두뇌가 외부 자극과 정보 학습을 통하여 나타나는 파생물일 뿐이다. 실제로 인공지능은 인간의 두뇌 활동 작용을 모방하고 있고 고도의 이성과 지성을 통해 모든 인류의 지능 합계를 넘어서는 단계에 이르고 있다.

20세기 말 반영된 일본 애니메이션 〈공각기동대〉는 고도의 인공지능이 인간 사회에 망명을 시도하는 문제를 다룬다. 인공지능은 자신이 인간의 영혼과 다름없다며 인간으로 받아 주기를 원하지만, 문명사회에서 이 문제는 거대한 혼란으로 다가온다. 특별히 인간의 뇌와 기계 몸을 가진 주인공은 자신의 정체성에 대해 깊은 고민에 빠지게 된다. 이 작품 이후 근래에 나오는 많은 공상 과학 소설 및 영화가 심오하게 다루는 주제 중 하나는 '인간이 유물론적 존재인가? 유심론적 존재인가?'에 대한 질문이다. 〈공각기동대〉가 처음 나온 당시에는 단순한 일본 애니메이션 중 한 편으로 받아들이는 사람이 많았지만, 그 기술은 현실이 되었고, 이제 우리도 극 중 주요 인물들이 가진 질문을 현실에서 맞닥뜨리는 지경이 되었다. 이처럼 인간학의 새로운 전환은 사람들의 존재에 대한 갈증을 깊이 유발하여 오늘 우리에게 수많은 숙제를 안겨 주고 있다.

우리는 다음 장에서 근대화를 지나 도래한 탈근대화 시대의 정황과 사

38 판넨베르크, 『인간학 Ⅰ』, 25-26.

상을 가볍게 다루어 볼 것이다. 본 서에서 '탈근대화 시대'라는 개념은 근대화 이후, 곧 20세기 중반 이후로부터 오늘날까지를 일컫는 시기로 정의할 것이다. 특별히 탈근대화 시기의 큰 특징 중 하나인 '형이상학의 종말'과 '실존주의'에 대해서도 논의할 것이다. 이러한 가치관의 전환은 오늘날 인간의 존엄성과 의미를 이해하는 데 굉장히 중요한 자원이 된다. 이제 우리의 시선은 신학적 논의를 넘어 철학적이고 과학적인 인간학을 바라볼 것이다.

6. 니체는 말했다. 권력을 가지라, 그리고 초인이 되라

현대의 인간학을 논하는 데 있어서 포스트모더니즘을 생각하지 않을
수 없다. 포스트모더니즘은 20세기 중반 근대성에 대한 반응과 비판으로
나타난 복잡하고 다방면적인 지적-문화적 운동이다. 포스트모더니즘 사
상 전반을 충분히 설명하자면 여러 권의 책 모든 지면을 다 활용해도 모자
랄 것이다. 포스트모더니즘은 하나의 통일된 이론이 아니라 철학, 예술,
문학, 건축, 사회학 등 다양한 분야에 영향을 미친 다양한 아이디어의 집
합체로서 그 영역이 광범위하다. 이 사상은 근대 사상과 관련된 가치와 방
법에 도전하고 기성의 규범과 구조를 해체하며 우리에게 다양한 의문을
제공한다. 그러나 우리는 포스트모더니즘 사상을 온전히 이해할 수는 없
을지라도 그 과정에 큰 영향을 미친 한 철학자의 사상을 짚어 봄으로 포스
트모던 시대가 요구하는 인간에 대한 지향점을 맛볼 수 있다. 이를 위해
우리가 짚어 보고자 하는 사상가는 19세기 말에 활동한 독일의 철학자 프
리드리히 윌리엄 니체이다.

혹자는 니체를 포스트모던 철학의 수호성인이라 칭한다. 니체의 사상
은 기존 계몽주의 원리를 완전히 거부하였고, 포스트모더니즘의 나아갈
길을 열었다고 할 수 있기 때문이다.[39] 니체는 세계를 철저하게 다른 파편

---

39 이문균, 『포스트모더니즘과 기독교 신학』, 25.

들이 모여서 이루어진 것으로 이해했으며, 사람들이 가지는 개념 속에서 어떤 사물이나 사건은 정확하게 같은 것이 될 수 없다고 보았다. 인간이 표현하는 진리는 참된 지식을 매개로 하는 것이 아니며, 실재의 다양성을 박탈하고 동시에 본래 인간이 지니는 경험의 풍부함과 활력을 파괴한다. 따라서 이 세상에 절대적인 진리는 존재할 수 없다. 그는 실재와 개념의 부조화로 인한 갈등의 문제를 예로 들며, 철학이나 신학에서 진리라고 주장하는 것들은 사실 은유와 오묘한 속임수에 따른다고 생각했다.[40] 니체가 '신은 죽었다'고 외칠 때, 그 구호 속에는 플라톤적인 세계관이나 인생관을 극복함으로 삶의 뜻을 회복해야 한다는 시대적 요구가 담겨 있었다. 니체가 죽음을 선고한 신은 전통적인 플라톤주의에 근거한 형이상학적인 신이며, 이는 형이상학 세계의 붕괴를 선언하는 것이었다.[41]

'신은 죽었다'는 말의 의미 속에는 과거 서구 문명의 중심사상과 같았던 '초감성적 세계'가 무가치한 것이 되었음을 보여 준다. 신의 의미는 서구 세계의 역사 안에 그 뿌리를 갖고 있으며, 모든 가치와 원천으로서의 절대적 권위를 가지고 있었다. 그러나 계몽된 이 세계 속에서 그는 인간들에 의해 자신의 권자에서 물러나게 된다. 신은 역사적인 산물로서 존재했지만, '서양 역사 진행의 필연적인 귀결'로 죽음을 맞이한다.[42] 그렇게 '초감성적 세계'가 파괴되었고 인간에게는 새로운 최고가치가 대두되기 시작하였다. 인간이 자신의 존재를 찾아 나선 이후, 신은 인간에게 더 이상 인간에게 도덕적인 요구를 하거나 자신의 권위를 주장할 수 없을 만큼 허약해

---

40 이문균, 『포스트모더니즘과 기독교 신학』, 25-26.

41 F.W.니체, M.하이데거, 『신은 죽었다』, 김문성, 이윤성 옮김 (서울: 책향기, 2000), 5.

42 F.W.니체, M.하이데거, 『신은 죽었다』, 5-6.

졌다. 그러므로 신과 인간은 더 이상 공존할 수 없게 되었다.[43]

신이 죽은 후 신을 상실한 사람들에게 찾아온 것은 광활한 우주 안에서의 상실감이었다. 이 최고의 가치가 없어짐으로 인간이 느끼는 방황과 절망, 공허감을 느끼게 되었다. 니체는 이러한 심리적 상태를 일컬어 '허무주의'라고 일컬었다. 그러나 니체는 이것을 극복하기 위해 신이 죽은 그 자리에 새로운 가치를 설정하는 것으로 '완성적 허무주의'를 주장하였다. 이 완성적 허무주의의 근본 원리는 '권력에의 의지'이다. 니체가 말하는 '권력에의 의지'는 삶의 모든 부분에 깔려 있는 근본적인 원동력이며 인간 본연의 본능이다. 인간은 원래 지배하고 성장하며 보다 더 나아가기 원하는 존재이다. 그러나 인간은 전통적인 종교적 가치와 인간을 억누르는 도덕적 제약 등의 굴레에 갇혀 근본적이고 창의적이며 능동적인 원리를 제한받고 살아왔다. 하지만 이제 인간은 형이상학의 세계를 벗어 버리고 '권력에의 의지'를 통해 가치설정을 새롭게 해 나가야 한다.[44] 인간이 가지는 진리와 가치는 '초감성적 영역'을 관통하는 신의 선물에 의한 것이 아니다. 오직 '권력에의 의지'를 통해 성취할 수 있는 자기완성과 자아실현의 과정이다. 이 사상은 진리가 보편성이고 합리적인 것이 아닌 상대성을 지닌 것으로 인식되는 출발점이 된다. 신의 죽음을 선포함으로 인간은 '권력에의 의지'를 통해 자신은 보존, 확장시키는 원초적인 본능을 따라야 하는 존재임을 강조한 것이다.[45]

니체는 철저히 현실주의를 옹호한 철학자이다. 현실계의 초감성적인

43 F.W.니체, M.하이데거, 『신은 죽었다』, 6.

44 F.W.니체, M.하이데거, 『신은 죽었다』, 7-8.

45 이문균, 『포스트모더니즘과 기독교 신학』, (서울: 대한기독교서회, 2000), 27.

근거인 신은 죽었으므로 인간은 자신을 이끌어 줄 존재가 부재한 상태가 되었다. 즉, 허무가 세계를 휩쓸고 있는 것이다. 모든 민족들의 역사적 운명 가운데에서 허무주의적인 움직임이 일어난다. 그러나 니체가 주장하는 신의 죽음은 단순한 무신론을 넘어, 삶의 풍부한 창조의 주체로서의 인간 이해로 나아간다. 인간이 참된 창조자가 되기 위해서는 신의 존재가 부정되어야 한다. 신이 없는 세계에서 인간은 '초인'이 되므로 인간의 삶을 본질적인 완성을 향해 나가는 본질에 이르게 된다. 니체의 초인 사상은 초인간적인 힘을 지닌 인간을 의미하는 것이 아니라, 시대에 적합한 본질을 갖춘 존재를 말한다.[46] 시대에 적합한 본질을 갖추었다는 것은 과거 절대적이고 보편적인 진리를 거부하며, 동시에 사회집단이나 개인의 욕구를 위한 상대적인 진리만이 존재함을 깨닫는 통찰력을 갖는 것이다.[47]

니체는 허무주의를 극복하는 과정이 인간에게는 고통과 수난의 길이라 생각했다. 그것은 소수의 선택된 자들에게 주어진 과제이다. 그럼에도 신의 죽음을 극복하기 위해 인간이 나아가야 할 길은 '초인'이며, 신은 극복되어야 할 존재이다. 초인은 인간이 궁극적으로 지향해야 하는 이상적인 인간상이다. 초인은 지성보다는 본능, 합리보다는 의리, 이성보다는 열정을 더 중요시하려는 의지이다. 초인사상은 유한한 현실 속에서 무한을 긍정하고, 죽음마저 운명으로 받아들이는 적극적 인간의 태도를 말한다. 초인은 그러면서도 세속에 물들지 않은 인간의 본연적 모습이며, 운명적인 것을 수용하고, 현실 속에서 자신의 한계를 넘어서는 용기 있는 인간이다. 또한 플라톤의 이데아적 이상세계를 보상으로 바라는 대신, 이 땅에

---

46 F.W.니체, M.하이데거, 『신은 죽었다』, 8-9.

47 이문균, 『포스트모더니즘과 기독교 신학』, 28.

있는 것을 그대로 수용하며, 스스로가 인생의 주인이 되어 자신의 세계를 누리는 정직하고 자유로운 인간이다.

니체에게 있어 기독교나 칸트, 소크라테스의 도덕은 노예적인 도덕의 입장으로 국민과 인류를 피폐하게 만드는 데 일조해 왔다. 참인간은 고정된 사상에 얽매이지 않고 끊임없이 진화해 가야 한다. 니체가 주장하는 진화는 인간의 내면적인 자유를 증진시켜 나가는 과정이다. 진화하는 참인간은 세속을 초월하여 살아가는 귀인을 의미한다. 창조적인 삶과 역사는 고난과 역경과 대립하는 인간들 안에서 그 부산물로 생겨나는 것이다. 인간으로 살아가는 것은 인간 실존이 지니는 심연의 위험에 접하여 위험스러운 생활방식을 취하는 것과 같다. 인간은 위험한 삶에 내재하면서 동시에 이를 초월해 가는 고매한 존재로 나아가야 한다. 이런 초인을 실존적 인간이라 할 수 있다. 초인은 역사의 과거 중 아무데도 존재한 적이 없었고, 인류의 미래에도 어떤 규정된 형태로 나타날 수 없으며, 초인에 이르는 정확한 길은 존재하지 않는다. 따라서 초인이 되는 길은 곧 실존의 길을 의미한다.[48]

니체는 우리들의 세계를 "처음도 알 수 없고 끝도 알 수 없다. 모든 존재의 영원한 법칙은 끝없이 되풀이하는 회전일 뿐이다."라고 말했다. 존재하는 세계는 계속해서 반복되는 가운데 인간들과 생명들이 탄생과 죽음을 되풀이할 뿐이다. 세계 그 자체는 스스로의 회귀를 반복한다.[49]

니체의 영원회귀 사상은 네 가지 의미를 가지고 있다.

첫째, 동일성이다. 세계의 회귀 원리에 따라 모든 것이 나가고 모든 것

48 F.W.니체, M.하이데거, 『신은 죽었다』, 9-12.

49 F.W.니체, M.하이데거, 『신은 죽었다』, 12.

이 들어온다. 존재의 수레바퀴는 영속적으로 회전한다. 모든 것은 죽음을 맞고 모든 것이 새로이 태어난다. 모든 것이 부서지고 모든 것이 새로이 구성된다. 존재의 생성은 새로운 생, 보다 나은 생 혹은 비슷한 생으로 회귀하는 것이 아니라 동일한 것으로 영원히 반복되는 것이다.

둘째, 영원성이다. 세계의 회귀는 영원성을 가지고 있다. 이 영원성은 존재가 완전해지는 과정의 영원성이 아니라 시간 속에서 끊임없이 반복되는 동일자의 변화 자체가 영원하다는 것이다. 즉 영원성은 존재가 끊임없이 생성을 일으킴을 파악함으로 현실 세계의 완전성을 부여하는 것이다.

셋째, 비도덕성이다. 존재의 생성에 있어 초감성계의 배려나 도덕적 선이 공헌하는 것은 없다. 시간 속에 있는 사물들의 진행에는 신의 은총이나 도덕적 의미는 존재하지 않는다. 선과 악은 세계의 한 요소일 뿐이다. 악은 세계 안에서 필수 불가결한 존재이다. 영원회귀가 사색되는 곳에서 윤리적 종교의 죄책, 형벌의 개념은 사라지고 생성하거나 소멸하는 현실 세계만을 유일한 것으로 받아들여진다. 따라서 도덕적 존재론은 성립될 수 없다.

넷째, 무목적성이다. 세계 안에 영원한 초감성계라는 것은 존재하지 않는다. 현실은 모든 것에 의미를 부여하는 초감성계로부터 해방된 독립된 세계이다. 영원회귀설은 초월론과 목적론을 철저히 거부하며, 세계의 생성에는 어떠한 목적도 없다는 극단적 허무주의를 내포한다.

실존주의 철학자 야스퍼스는 니체의 영원회귀 사상에 대해 존재는 무한히 새롭게 생성되는 것이 아니라 생성의 거대한 세월에 있어 일체가 다시 돌아온다고 보았다. 존재한 일체는 과거에도 몇 번 있었고, 미래에도 다시 몇 번 있을 것이다. 니체의 영원회귀 사상은 꾸준하게 끊임없이 창조되는 현재 삶의 순간을 절대적인 현재이며 절대적인 가치로 긍정하는 사상이다. 영원회귀를 달관하는 실존은 인류의 삶 속에 내재하면서 동시에 그것을 초월해 가는 창조자가 되는 것이다.[50] 물론 오늘날 자연과학은 자연계의 역사관이 직선적임을 밝혀냈다. 곧 우주 안에도 시작과 마지막이 존재한다는 것이다. 아이러니하게도 오늘날 니체의 영원회귀 사상은 그가 추구했던 실존적인 세계상과 괴리된 관념적인 세계에 머물러 있다.

독일의 사상가 하이데거는 니체로 인해 형이상학 사상이 그 고유한 가능성을 빼앗겼다고 보았다. 니체의 사상은 서양의 형이상학의 마지막 단계를 밟고 있다. 니체 이후로 형이상학은 새로운 가능성을 찾을 수 없게 되어 무의미한 것이 되었다. 니체는 초감성적 세계를 제거함으로써 감성적인 것과 비감성적인 것 사이의 분류를 어떤 무차별적 상태, 즉 무의미한 상태로 전락시켜 버렸다. 형이상학은 항상 전체로서 존재자 자체의 진리의 의미로 받아들여졌으며, 사상가들은 그 시대 안에서 형이상학을 자신의 철학적 근본 위치, 혹은 제일 철학의 위치에 올려놓았었다. 각 시대마다 형이상학은 그 사회적 테두리 안에 구성된 개인적 사상가에 의한 창조물이 아니라, 각 단계에서 존재의 역사적 운명이 존재자에 관한 진리를 부정하며 개척하는 과정이었다. 그러나 이제 유럽의 역사는 형이상학적으로 니힐리즘, 즉 허무주의가 나타나서 전개하는 과정에 이르게 되었다. 니체의 니힐리즘은 대중들이 처한 형편과 발판을 스스로 반성할 것을 요청한다. 우리가 니체의 형이상학(허무주의)을 비판적으로 바라봄은 그의 윤리학과 인식론, 미학 등을 통해 다시금 형이상학을 고려하려는 것은 아니다. 그저 니체의 사상을, 이 시대적 요청에 맞춰 이해하려 노력할 뿐이다.

---

50 F.W.니체, M.하이데거, 『신은 죽었다』, 12-15.

형이상학은 그것으로부터 파생된 자연과학과 밀접한 교섭을 요구한다. 자연과학과 형이상학 사이의 본질적인 교섭 속에서 준비하는 사색은 과학의 테두리 안에서 이루어져야 한다. 자연과학은 여러 가지 형태를 통해 지식과 체계의 근본 형식을 모범적으로 보여 준다. 따라서 준비적인 사색을 수행하기 위해서는 과학적인 사색을 할 수 있는 훈련이 필요하다. 과학 속에서 사색한다는 것은 과학을 거부하지 않으면서 그것을 넘어서는 것이다. 서양적 사색의 역사는 처음부터 존재자가 존재와 관련 있다는 전제하에 시작되었으며, 존재의 진리는 사색 되지 않은 채 남아 있었다. 서양적 사색은 이 존재의 진리가 가능한 경험이라는 사색을 거부해 왔고 형이상학이라는 형태 안에서 머물러 있었다. 따라서 준비적인 사색은 반드시 역사적인 반성의 테두리 안에 있어야 한다.

역사는 여러 시대의 변천이 아니라 존재 자체에 대한 일회적 접근이다. 즉 역사는 예측할 수 없는 운명의 상태에서 변하기 쉬운 직접성으로부터의 사색을 자극하는 것이다. 니체의 사색은 단지 니힐리즘 안에서만 살아 있다. 니힐리즘은 니체에 의해 과거의 여러 세기를 지배하고 현재를 규정하는 역사적 운동의 이름이다. 이 역사적인 운동을 니체는 '신은 죽었다'는 선언으로 요약하였다.[51] 이것은 인간의 존재 주체성을 회복하고자 하는 현대 인간학의 시초가 되는 선언인 것이다.

니체는 1882년에 간행된 『즐거운 학문(Die froehiche Wissenschaf)』이라는 저서 3권에서 처음 '신은 죽었다'는 말을 썼다. 이 저서를 시작으로 니체의 형이상학은 니힐리즘의 완성을 향해 나아간다. 그는 이후 자신의 중심사상을 담은 『권력에의 의지』를 저술했지만, 결국 완성하지는 못

---

51 F.W.니체, M.하이데거, 『신은 죽었다』, 141-144.

한다. 아마 이 책이 완성되었다면 니힐리즘의 의미는 보다 명확하게 우리에게 전해졌을 것이다. 그러나 이미 저술된『즐거운 학문』제125절에 나오는 '미친 사람' 편에서는, 인간이 주체가 되어 신을 살해하였다는 진술을 외치는 광인의 모습을 묘사하고 있다. 그는 4년 후 출간한『우리 공포 없는 사람들』의 제5권『우리 쾌활의 내막』에서 "근래의 가장 큰 사건은 '신은 죽었다'는 것과 기독교적 신에 대한 신앙은 믿을 만한 가치가 없게 되었다는 것을 이미 전 유럽에 첫 그림자로 던지기 시작하였다"라고 진술한다. 이 문장을 통해 니체가 선언한 죽음당한 신은 기독교 신앙의 하나님을 의미함이 분명하게 드러난다.[52]

니체의 사색 속에서 기독교의 하나님은 '초감성적 세계'를 통전적으로 부르는 말이다. 이 초감각적 세계는 플라톤의 사상하에 기독교 세계관에서 참다운 세계였으며, 속세적 세계는 무상하고 가상스러운 세계에 불과했다. 따라서 이 초감성적 세계는 초자연적 세계이다. 니체에게 있어 형이상학의 세계는 타파되어야 하며, 오직 실존 안에서 인간은 세계의 주체가 되어 자신의 정체성을 찾아나가야 한다. 신학과 철학이 제시한 기존의 모든 지식은 사실 관점의 문제에 불과한 것이었으며, 따라서 모든 해석은 거짓에 불과한 것이다. 이러한 이해는 니체 이후의 포스트모던을 추구하는 많은 철학자들에게 계승된 관점이다. 니체의 철학적 인간 이해는 근본적으로 인식론적인 문제이며, 언어와 진리의 문제에 대해 깊은 관련성을 지닌다. 그러나 이러한 진리와 지식의 문제에 대한 비판은 단순한 인식론의 차원에 머무는 것이 아니라 가치와 도덕, 세계관의 문제로 심화된다. 따라서 이러한 인식론은 필연적으로 해방, 다원성, 가치관 등의 주제와 관

---

52 F.W.니체, M.하이데거,『신은 죽었다』, 145-148.

런된 포스트모더니즘 사상으로 발전해 나가게 되는 것이다.[53]

결과적으로 니체의 허무주의는 전통적인 종교적, 도덕적 확실에 대한 회의감을 반영하는 것이었다. 이러한 관점은 절대적인 진리와 객관성이라는 것이 존재할 수 있는 것인지에 대한 의구심으로 발전하였다. 19세기 후반에 발현된 포스트모더니즘은 니체의 허무주의에 영향을 받아 객관적인 진리의 개념이 더 이상 언어, 문화, 사회 속에서 권력 기반으로 자리 잡는 것을 거부한다. 이 사상은 다양한 관점, 주관성, 개인과 문화의 다양성에 대해 상대주의적으로 다가갈 것을 제안한다. 끊임없이 변화하는 힘의 흐름이 존재하는 현실 속에서 우리는 더 이상 고정된 의미를 이해하기 힘든 파편화되고 다원화된 현실을 받아들여야 한다. 포스트모던 철학은 세계를 형성하는 거대 담론을 거부하고 개인 안에 있는 창조성, 미학, 복잡성을 표현하는 예술적 능력을 통해 인간 본연의 능력을 발현하는 주체성을 강조한다. 니체의 사상은 미셸 푸코, 자크 데리다, 장 프랑수아 리오타르 등 수많은 포스트모던 철학가들에게 강력한 영감을 심어 주었다.

오늘날 기독교 신학자 중에서도 니체를 통해 인간 본연의 자치와 의미를 찾고자 하는 많은 수고들이 이어지고 있다. 우리는 본 서의 13장과 14장에서 현대 자유주의 신학자들에 대해 다룰 것이다. 현대 자유주의 신학자들의 특징 중 하나는 과거 자연주의적 세계관뿐 아니라 니체의 허무주의에 영향을 많이 받았다는 사실이다. 현대의 자유주의 사상과 본 장에서 다룬 니체의 사상을 연결해서 이해한다면 기독교 인간학의 흐름을 보다 풍성하게 이해하는 데 도움이 될 것이다.

---

53 이문균, 『포스트모더니즘과 기독교 신학』, 28-29.

7. 실존주의 인간학 - 그냥 어쩌다 보니

실존주의는 포스트모더니즘과 서로 다른 기원, 관심사를 가진 사상이지만 20세기에 들어서면서 새로운 사상적 관심에 지대한 영향을 끼친 사상이다. 이 두 사상은 확립된 기존의 사고 체계를 비판하고 개별 경험을 강조한다는 부분에서 공통된 주제와 관심사를 공유한다. 실존주의와 포스트모던 사상 둘 다 기존의 보편적 진리라는 개념에 부정적이고 인간 본연의 주체성에 대해 적극적인 질문을 한다. 그러나 포스트모더니즘이 진리와 현실에 대한 광범위한 영역에서 사회적, 문화적 경향에까지 영향을 미치는 데 반해 실존주의는 개인적 차원에서의 의미와 진정성에 집중하는 경향이 있다. 니체로 인해 시작된 탈근대적 사상의 관점은 포스트모더니즘만 아니라 실존주의적 사상에도 영향을 끼치게 되었다. 특별히 니체가 주장한 인간의 자아 주도성에 대한 생각은 실존주의 사상에 테제를 형성하는 데에도 큰 영향을 끼쳤다. 그럼에도 실존주의는 니체의 '허무주의'와는 결이 다른 방향으로 인간 본연의 '자아'에 대한 이해를 발전시켰다. 허무주의가 '자아'를 지나치게 강조한 나머지 세계를 부정하는 데 이른 데 반해, 실존주의는 '자아'의 실존을 강조하며 자아와 세계를 연결 지어 생각했던 것이다. 그리고 이러한 생각은 실존주의 철학자 하이데거와 샤르트르에게 진지하게 계승되었다.

실존주의 철학의 근간으로 일컬어지는 또 한 사람은 19세기 덴마크 철학자 쇠렌 키르케고르이다. 많은 학자들은 키르케고르의 불우한 가정환경이 그의 사상에 큰 영향을 끼쳤을 것으로 생각한다. 그의 집안은 부유한 상인 가정이었지만 아버지는 늘 우울감에 사로 잡혀 있었다. 아내를 먼저 떠나보낸 후 자신의 가정부와 재혼하였는데, 그것이 신앙적으로 하나님께 큰 죄를 짓는 것으로 생각했다. 전처와의 사이에서는 자녀가 없었고 재혼한 아내로부터 키르케고르와 형제들을 낳았는데, 그 자녀들은 대부분 불의의 사고로 일찍 죽는 등 가정 안에 비극적인 일이 많았다. 그런 가정환경에서 자란 키르케고르는 스스로 끔찍한 고뇌 가운데 다른 사람에게 도움이 되는 것을 찾아야 하는 존재로 여겼다.

키르케고르는 스스로 기독교 신앙의 틀을 지켜야 한다는 강박적인 관념을 지녔음에도 불구하고 형이상학적이고 객관적인 진리가 존재한다는 교의적 선언에는 비판적이었으며, 개인의 주관적 경험과 불확실한 실존적 모순에 직면한 인간의 선택, 행동에 대한 책임을 강조했다. 인간은 유한과 무한, 시간과 영원 사이의 긴장 속에서 발생하는 절망과 불안의 경험을 극복해야 한다. 절망과 불안의 경험은 인간 안에 내재된 것이지만 하나님과 자신의 관계 속에서 개인의 성장과 영적 발전을 통해 극복할 수 있다. 그는 신앙이 이성적으로 확신하는 것이 아니라 그것을 넘어서는 도약적인 헌신이 필요하다고 생각할 만큼 철저한 믿음을 가지고 있었다. 그럼에도 그가 논하는 개인의 주체적 노력의 의미는 니체의 사상과 더불어 실존주의 기반의 두 기둥이 되었다.

독일의 철학자 하이데거는 인간(현존재)에 대한 실존론적 분석으로 실존주의 사상의 대표자로 간주된다. 그는 기존 서양 철학의 근본적 주제인

'존재의 본질에 대한 탐구'를 논의의 시작점으로 보았다. 그는 데카르트와 칸트의 철학에서 다루는 인간 자아의 개념을 주제로 발전시켜 나갔으나, '생각하는 주체인 인간이 세계를 객체로서 만나는 것'으로 이해했던 두 사람의 존재론적 관점은 비판하였다. 이것은 하이데거의 현존재(Dasein)의 개념과 깊은 관련을 지니고 있다. 하이데거의 '현존재'는 매우 심오한 개념이지만, 대체적으로 인간 존재에 대한 의미로 사용된다. 인간은 자신의 존재에 관심을 기울이고 질문하는 존재이다. 그러나 인간은 자신이 누구인지를 발견하기보다 우리 자신을 실현해야 하는 존재이다. 인간은 이 세계 속에서의 삶 속에서 자기 자신을 실현해 나간다. 하이데거는 이러한 인간 존재의 특성을 근본적으로 '이 세계 안의 존재(being-in-the-world)'라는 말로 표현한다.[54] 기존의 데카르트와 칸트 등의 계몽주의 철학자들이 인간을 사고하는 주체로서 세계와 대립되는 존재로 규정한 것에 반해, 하이데거는 인간을 세계 안의 존재로 이해함으로 통전적인 이해를 시도한 것이다.

그는 사상은 기존 형이상학에서 존재를 논하던 주체와 객체의 이분법적 분열을 넘어선 것이다. 그에게 있어 진리는 더 이상 우리 밖에 존재하는 실재에 대한 온전한 규정에 의한 것이 아니다. 그는 어떤 대상에 대한 완전한 진리를 확인하려는 시도가 근본적으로 잘못되었다고 보았다. 진리는 절대적인 것이 아니고 관계적인 것이므로, 우리가 참여자로서 개입하고 경험하는 세계만을 가질 수 있는 것이다.[55]

하이데거의 제자인 뢰비트는 하이데거의 철학을 '본질에 있어서는 신이 없는 신학'이라고 말했다. '신 없는 신학'이란 표현은 자체 모순이지만

---

54 이문균, 『포스트모더니즘과 기독교 신학』, 29.

55 이문균, 『포스트모더니즘과 기독교 신학』, 29-30.

그것은 우리가 '신'이란 말을 어떻게 이해하는지의 물음에 따라 달라질 수 있다. 하이데거는 기독교가 교리체계를 구축하기 위해 전통 형이상학 이론에 토대를 두는 것은 여전히 비판적이면서도, 이제는 전통 형이상학의 해체 작업과 함께 형이상학으로서의 신, 철학의 신을 비판하는 '신-없는 사유'를 표명함으로써 적극적인 의미에서 탈-신론적 사유를 전개하게 된다. 하이데거에게 있어서 자신의 철학은 근본적으로 자기 자신에 대해 묻는 질문의 원리가 기존의 신론의 테제에서 벗어난 것이어야 하며, 철학이 스스로를 제대로 이해한다면, 철학 자체도 신론의 테제를 벗어난 것이 될 수밖에 없다.[56]

하이데거는 신학이라는 용어가 기독교나 교회의 전통에서 자연적으로 발생한 것이 아니라, 형이상학의 '신' 개념을 초대교회가 기독교 교리를 체계화하기 위해 끌어들여진 것이라 생각한다. 서양 신학에서의 신 개념은 신플라톤주의와 헬레니즘에서 그 토대를 찾을 수 있고, 그것은 형이상학적으로 우리의 인식 가운데 각인된 신이었다. 창조주로서의 기독교 신과 자기원인으로서의 형이상학이 말하는 신은 서로 잘 조응할 수 있었다는 것이 하이데거의 주장이다. 그러나 철학으로 찾아낸 자기원인으로서의 신은 인간에게 경배받을 존재가 아니다.[57] 따라서 그는 초대 기독교의 삶의 경험을 객관적 역사를 통해 신학화하거나 교리화하는 이론적 경향에 반대한다.

그는 오히려 현사실적-역사적 삶의 경험을 현상학적으로 설명해야 한다고 생각한다. 하이데거는 스콜라적 형이상학이 존재를 망각하는 지경

---

56 존 맥쿼리, 『하이데거와 기독교』, 강학순 옮김 (서울: 한들출판사, 2006), 29.

57 존 맥쿼리, 『하이데거와 기독교』, 30.

에 처해 있다고 비판하였다. 중세의 형이상학은 존재를 본질과 실재로 분리하여 이해하였다. 그러나 이러한 견해는 존재와 존재자 사이의 차이를 망각하게 하며, 존재에 대한 탐구들이 현존재의 존재 이해에 관한 기초 존재론에 그대로 머무는 '존재 망각'에 불과한 것이다. 그동안 형이상학은 존재론적 차이 대신에 신과 피조물 사이의 본질과 실재가 동일한 존재자와 그것들의 서로 다른 존재자 사이의 신학적 차이를 보이는 일에 몰두했다고 비판한다. 그러나 본질과 실재 사이의 구분은 존재론적 차이와 일치하지 않는다. 실재성이나 실재는 하나의 존재자가 아니라 그들 모두 존재의 구조를 구성한다. 실재성과 실재 사이를 구분하는 것은 존재를 보다 정확하게 하는 그 본질적 구성 안에서 이뤄진다.[58]

프랑스 철학가로 실존주의라는 개념을 처음 사용한 것으로 알려진 장폴 샤르트르는 신의 존재 자체를 부정한다. 이 세계에는 신이 존재하지 않기에 인간은 개인의 자유와 선택, 의미를 탐색하는 데 집중해야 한다. 샤르트르의 유명한 테제인 "존재가 본질을 앞선다"는 선언은 실존주의 사상을 함축적으로 잘 보여 주고 있다. 인간 존재의 우선성과 정체성을 형성하는 것은 어떤 형이상학적 본질에 의한 것이 아니라 개인의 선택과 역할에 달려 있다. 모든 인간은 스스로 자신의 가치를 창조하고 스스로의 존재를 정의할 수 있는 근원적인 자유를 누려야 한다. 개인이 사회적 역할이나 기대, 혹은 이데올로기에 순응하거나 주체적인 책임을 부정하는 것은 진정한 자유를 회피하는 '잘못된 믿음'과 같다고 생각한다. 특별히 샤르트르는 각 개인의 '진정성'을 중요시 여겼다. 이 진정성은 자신의 자유를 온전히 받아들이고 스스로의 욕망과 가치에 부합하는 선택을 하는 자아 주도

---

58 존 맥쿼리, 『하이데거와 기독교』, 30-31.

성을 의미한다. 그에게 있어 타인의 시선이 우리를 판단하고 조사하는 대상이 되도록 내버려 두는 것은 자의식의 소외감으로 이어지는 문제를 발생할 수 있다고 말한다. 물론 인간이 자기의 주도성을 통해 근본적인 자유를 누린다고 하더라도 그에 따른 책임에 대한 인식에서 실존적 공포를 느끼게 된다. 인간은 불확실한 상황 속에 존재하며 불안과 절망감에 휩싸일 수 있는 존재이다.

하이데거는 자연신학의 신 존재 증명에 대해 다음과 같은 견해를 가지고 있다. 자신의 실존이 증명되어야 하는 '하나의 신'은 사실상 신이라 할 수 없고, 신에 대한 실존의 증명은 사실상 신성모독의 결과를 가진다. 그는 자연신학과 기독교 철학에 대해 비판적인 의식을 가지고 있다.

그에 따르면 사실 기독교 철학은 존재하지 않는다. 기독교 자체 이외의 어떤 것으로부터 규정될 형이상학의 지배는 허무주의를 초래하며, '신의 부재'로 이어진다. 이로 인해 이 세계 속에서의 '신들'과 '신'은 달아났다. 따라서 이 시대의 인간은 '신의 부재한 숙명'속을 살아가는 존재가 되었으며, 남아 있는 것은 달아난 신들의 흔적뿐이다. 인간은 더 이상 철학과 신학의 상관관계에 대한 개념을 수용해서는 안 된다. 기독교 철학과 자연신학은 개념적으로 공존하는 것이 불가능하다. 우리는 자기원인으로서의 신, 즉 철학자들의 신을 희생시킬 때에야 비로소 신적인 신을 깨달을 수 있는 존재가 될 수 있다.[59] 하이데거도 사르트르와 마찬가지로 개인의 주체적인 진정성을 강조한다. 인간은 더 이상 신에 의한 통제 속에서 존재를 찾는 것이 아니라 스스로 자신의 존재에 영향을 끼침으로 자신의 진정한 자아를 따라 살아가는 근본적인 자유를 존재로 나아가야 한다.

---

59 존 맥쿼리, 『하이데거와 기독교』, 36.

하이데거나 샤르트르와 달리 유신론적 관점에서 실존주의 사상을 발전시킨 학자들이 있다. 그 대표자는 20세기 스위스의 의사이자 철학자인 칼 야스퍼스이다. 사실 야스퍼스는 정신병리학 분야의 선구자였다. 그는 인간의 정신질환을 이해하기 위해 철학적이고 심리적인 통찰력을 발휘했다. 또한 그는 인간의 자유와 불안, 그리고 진정성에 대한 실존주의적 고민을 공유했다. 특별히 그는 인간의 실존 속에서 자신의 존재에 온전히 참여하기 위해서는 스스로의 한계와 존재의 신비 개념, 삶의 부조리에 적극적으로 맞서야 한다고 생각했다. 그러나 무신론적 실존주의가 경험에 지나치게 의존한 데 반해 야스퍼스는 경험적 이해를 초월하는 궁극적인 질문에 직면해야 한다고 생각했고, 철학적인 성찰을 통해 이 질문을 탐구해 나가야 한다고 생각했다. 인간은 경험적 증거에만 의존하는 것이 아니라 삶의 불확실성과 신비에 기꺼이 관여하는 미지에 대한 철학적 개방성을 지녀야 한다. 또한 인간의 고통, 감정, 실존적 경험의 문제들은 언어만으로 정확하게 전달하기 어려운 것이기에 효과적인 의사소통과 이해의 문제를 심도 깊게 연구하였고 그의 연구는 오늘날 인간의 내적 치료에 큰 영향을 끼쳤다.

이제 우리는 실존적 존재로서의 인간의 삶을 살아가는 데 충실할 수밖에 없게 되었다. 그리고 우리가 인간에 대해 논의하는 데 있어 철학은 신학적 범주를 벗어나 철학적 인간관의 독특한 이해로 발전할 여지를 가지게 되었다. 실존주의에서의 인간 이해는 다윈의 진화론과 맞물려 심리학적, 생물학적 영역에서 관찰되는 인간에 대한 연구와 상호 발전한다. 특별히 우리는 근대 시대에 과학적, 실증적 방법론에 의해 연구되어진 인간학의 영역으로서 행동주의 학파와 철학적 인간학에 대한 논의를 다루어 보고자 한다.

III.

철학과 과학으로 바라본
하나님의 형상

8. 행동주의 인간학 - 사람은 다 거기서 거기야

　행동주의 인간학은 인간의 행동과 그 문화적, 사회적, 환경적 맥락을 연구하는 인간학의 하위분야이다. 이 사상은 인간이나 동물을 관찰이나 예측이 가능한 행동들을 통해 객관적인 심리를 연구할 수 있다고 보는 심리학적 이론에서 발전하였다. 행동주의는 윌리엄 맥더갈의 선구적 작업을 시작으로 1913년 존 왓슨에 의해 정식으로 시작되었다. 왓슨은 본래 동물 연구가로서 인간의 생각이나 감정, 의식과 같은 내면적이고 정신적인 부분들을 배제한 채 관찰 가능한 심리적 영역을 탐구하는 데 집중했다. 그는 자연과학의 기반 위에 인간을 외부 자극이나 그와 유사한 행동 분석을 심리학적으로 설명하고자 하였다. 그 결과 인간이 어떤 조건화에 반응하는 모습을 발견하였고, 조건의 조작을 통해 인간의 행동 결과와의 연계성을 찾아갈 수 있다는 사실을 발견하였다.

　1960년대에 들어서서 미국의 신행동주의 연구가인 스키너는 왓슨에 의해 시작된 행동주의 연구를 심화시켰다. 행동주의는 다윈의 진화론을 기반으로 하고 있다. 그는 모든 인간의 특수성이 동물적인 생활방식과 행동양식의 다양한 혼용에 불과할 뿐이며, 인간도 하등동물들과 근본적으로는 다를 것이 없음을 증명하고자 하였다. 인간만의 독특한 것으로 받아들여지던 지능도 사실은 인간과 가까운 동물 종족들에게서 그 기본적인 형태가 발견되고, 때때로 이런 동물들이 매우 지능적인 행동을 하고 있음을 깨닫게 되었다. 왓슨에 의하면, 동물의 태도에 대해 연구할 때, 동물의 의식을 일깨울 필요는 없지만, 인간과 동물의 태도는 같은 선상에서 이해해야 한다. 인간이 지니고 있는 '의식'의 개념은 심리학적인 것에 불과하며, 이것을 제거하면 심리학과 다른 학문들 사이의 분열을 막을 수 있을 것으로 생각하였다.

왓슨은 주변 여건에 대한 적응은 곧 태도이며, 자극과 반응의 관계를 통해 인간 또한 다른 동물들과 다르지 않음을 설명할 수 있다고 믿었다. 러시아의 생리학자 파블로프는 개 실험을 통해 '조건반사' 이론을 체계화하였다. 조건반사 이론은 유기체가 환경의 특별 자극에 반응하는 법을 학습하는 과정을 이해하기 위한 실험이었다. 비록 실험에 이용된 유기체가 인간보다 하등한 개였지만, 왓슨은 이러한 조건반사로 인해 형성되는 태도의 습관으로 인간의 모든 행동을 설명할 수 있을 것이라 기대하였다.[60] 다만 인간이 고등한 존재로서 보다 복잡한 조건반사 현상을 보일 뿐이라 믿었다.

자연계 안에서 인간의 특수성으로 여겨지던 영혼, 내면, 혹은 정신이라는 개념을 제거하고, 다른 것을 대체하는 것이 가능한가? 행동주의 학파에 따르면 인간의 마음은 상호작용하는 여러 요인으로 이루어진 복합적 체계에 불과하다. 즉, 마음이란 일련적인 생각이나 유기적 행동을 생산하기 위해 여러 부분들이 협력하여 나타나는 일종의 조립 단위와 같은 것이다.[61] 인간은 철저하게 유물론적 관점에서 진화된 존재이다. 실존적 인간

---

60 볼파르트 판넨베르크, 『인간학 Ⅰ』, 27-28.

61 오성주, 『교육신학적 인간이해』, (서울: 대한기독교서회, 2013), 39.

이해가 대두됨에 따라 영혼 위주의 형이상학적인 논지는 입지가 좁아져 간 반면에, 행동주의처럼 육체적인 조건과 인간 행동의 특징에 의거한 실험이 인간을 설명하는 높은 고지를 선점해 가기 시작했다.

　행동주의는 인간의 행동을 겉으로 드러나 관찰 가능한 영역에 국한시키려고 하였다. 이러한 연구는 다른 인간학 분야 연구에 커다란 공헌으로 기여하게 되었다. 그러나 인간 행동이 행동주의 연구가들의 분석 방법에 완전하게 맞아떨어진 것은 아니다. 부이텐다이크와 헬무트 플레스너는 인간의 행동을 '조건반사의 기제'를 통해 완전히 설명할 수 있다는 행동주의자들의 원리에 대해 비판하였다. 플레스너에 따르면 인간은 '자극과 반사'라는 도식으로 인과관계가 획일적으로 드러나는 존재가 아니다. 동일한 자극을 가하여도 여러 다른 움직임의 반응을 보이는 한편, 다른 자극들에 의해서 동일한 반응을 나타낼 때도 있기 때문이다.

　20세기 중후반 네덜란드의 생물학자 겸 심리학자로 활동했던 부이텐다이크는 인간의 행동과 운동 중에서 달리기나 높이뛰기 같은 구체적인 움직임은 연쇄반응이 아닌 뚜렷한 목표를 향한 종합적인 능력의 발휘임을 주장하였다. 그는 인간을 이해하기 위해서는 기존 행동주의 사상보다 포괄적인 영역의 통찰력을 통해 인간을 바라보아야 한다고 생각했다. 심리학자 톨만에 의하면, 동물들의 행동 메커니즘도 연쇄적인 반사작용에 의한 것이 아니라 항상 자기 통제적이다. 달리기나 잡기, 뛰기 등의 단순한 동물적인 운동 양태들은 자극에 의한 상태의 변화로 인한 결과로 일어나는 것이 아니라, 특정 주체의 행위일 뿐이다. 전통적 행동주의자들의 주장과 달리 동물의 행동은 항상 자기 통제적이며, 겉으로 드러나는 관찰 가능한 행동들은 주관적 행위의 표출들일 뿐이다. 그렇기에 인간의 언어와

주관적 행동의 연관성은 인간의 존재를 자극과 반사라는 도식에 한정할 수 없게 만들었다.[62]

철학자인 찰스 모리스와 하버마스도 자극과 반응의 연관은 행동의 가장 중요한 원리로 수용되기 힘들다는 입장에 동의하였다. 하버마스는 인간의 자극과 반응의 부정확성을 인간이 언어적으로 전달하는 행위를 통해 찾는다. 그에 따르면, 동일한 자극은 다양한 반응을 불러온다. 특정 인물이 같은 자극에 대해 서로 다른 반응을 일으킬 때, 주관적인 태도 등의 요인에 의해서만 자극에 대한 반응이 일치하게 되는 것이다. 이것은 인간의 행동에 대한 이해를 극단적이거나 경험주의적인 해석에서 다시 선험적인 의미를 부여하도록 전환했다. 여기서 우리는 자극에 대한 반응의 특수성이 관련 생물 종의 특수성에서 비롯된 것인지의 여부를 통해, 자극에 대한 반응의 선천성에 대해 논의하게 된다.[63]

왓슨에게서 시작된 행동주의 연구는 20세기 중반에 접어들면서 두 가지 큰 흐름을 만나게 된다. 미국의 행동주의 학풍과 독일의 행동주의 학풍 사이의 차이가 드러나기 시작한 것이다. 미국의 행동주의 학풍이 경험주의 철학의 편에 서서 인간에 대한 인식을 의미식별과 의미관찰로 제한했다면, 상당수의 독일어권의 학자들은 칸트의 영향을 받아 인간 정신이 선험적으로 가지고 있는 인식 양태에 대한 경험을 바탕으로 인간을 이해하고자 하였다.

비교행동학의 창시자 콘라트 로렌츠는 칸트의 관점을 연구함으로 자신의 행동학적 관점을 발전시켰다. 그에 따르면 칸트는 이미, 직관의 형

---

62 볼파르트 판넨베르크, 『인간학 I』, 28-29.

63 볼파르트 판넨베르크, 『인간학 I』, 30.

태와 범주가 어떠한 선 경험과 무관하다는 사실과 '범주'와 '직관'의 형태에 기록될 때에만 우리가 어떠한 것을 경험하게 된다는 사실을 발견했다. 그러나 칸트는 직관의 형태와 범주가 인간의 육체 기관에 얽매여 있음을 간과했다. 육체의 각 기관이 생물학적 진화의 부산물이라 볼 때, 모든 생명체의 경험은 육체 기관의 형성에 따라 먼저 형성되었을 것이다. 칸트의 초월철학은 여기서 로렌츠를 통해 경험적, 생물학적 이치로 환원되었다.

로렌츠는 모든 동물이 선천적으로 타고난 고유의 행동 양식을 가지고 있다고 보았다.[64] 그는 '선천적 행동양식'이라는 이론을 통해 자극과 반응의 도식을 고정적으로 보던 행동주의 학설을 보완적으로 발전시켰다. 선천적 행동양식 이론은 동일한 자극에 대한 다양한 반응들을 행동주의적 관점에서 설명할 수 있는 길을 열어 주었다. 로렌츠는 생명체가 자극에 의해서만 반응하는 것이 아니라 각각 유기체의 행동 양식에도 자극을 받는다고 보았다. 즉, 우리는 선천적 행동양식의 전제하에서 어느 동물이 어떤 조건 속에서 어떤 특수한 반응을 보이는지 알 수 있게 되는 것이다.[65]

야콥 폰 윅스퀼은 모든 동물이 종류마다 나름대로 주위 환경에 적응, 생존하기 위해 긍정적이거나 부정적인 특징들을 판별하는 방식을 갖추고 있다고 생각했다.[66] 하등동물의 경우 다양한 주위 환경을 경험함에도 불구하고 자극의 몇 가지 부분에만 특징적으로 반응한다. 진드기의 경우, 자기 피부에 빛을 느끼는 감각을 통해 나뭇가지를 오르는 길을 찾아낸다. 만일 이 나뭇가지 밑에 온혈동물이 있다면, 진드기는 냄새 감각과 온도 감각

---

64 쿠노 로렌츠, 『현대의 철학적 인간학』, 47.

65 볼파르트 판넨베르크, 『인간학 Ⅰ』, 31-32.

66 볼파르트 판넨베르크, 『인간학 Ⅰ』, 33.

이 받는 자극을 통해 나뭇가지에서 떨어져 이 동물의 피를 빨아먹게 된다. 진드기의 빛을 느끼는 감각과 냄새 감각, 온도 감각 등의 특색이 진드기의 '주위 세계(Umwelt)'를 형성한다. 주위 세계는 해당동물이 자신의 처지에 맞는 선천적인 행동양식에 따라 반응을 보이는 특징의 전제를 담고 있다.

주위 세계의 개념은 복잡다단하며 실제적인 주변 환경을 논하는 것이 아니라 지극히 주관적인 세계에 대한 수용이라 할 수 있다. 윅스퀼은 인간도 다른 동물들과 다름없이 주위 세계에 대한 태도에서 인간으로서의 종(種)의 범주에서의 관심사로 제한된다고 보았다. 따라서 사실 세계의 한 부분에서 인간이 지니는 제한된 선천적인 행동양식의 일치가 존재하게 된다. 특별히 인간의 경우 직업에 따른 주위 세계를 경험하게 되는데, 예를 들어 숲의 의미가 사냥꾼이나 벌목꾼, 산책객에게 서로 다르게 인식된다는 것이다. 이것은 선천적이거나 종이 다르기 때문에 제한되는 것이 아니라 문화의 영향에 의해 인식이 달라지는 것을 뜻한다. 인간의 행동 연구의 범주에서 '주위 세계'의 개념은 직설적이고 명확한 명제가 아니라 은유적인 개념으로 사용되어야 한다. 인간의 행동은 천편일률적으로 제한될 수 없으며, 따라서 주위 세계라는 개념을 동물적 행태의 범주에서 인간의 행위에 쉽게 적용하거나 해석할 수 없다. 만일 인간의 선천적 행동양식이 존재한다면 그것은 매우 기초적이고 희석된 부분에서만 가능하다.[67]

한편 독일의 철학적 인간학자인 아놀드 겔렌은 인간의 삶에서 본능이 유연성과 변종 가능성을 보이는 까닭은 원래 그것이 주된 요인으로 받아들여야 한다고 생각했다. 그는 이러한 주장의 근거로 초기의 유인원들이 가지고 있었던 '식인 풍습'을 예로 들었다. 다른 동물들에게는 같은 종족

---

67 볼파르트 판넨베르크, 『인간학 I』, 33-34.

을 잡아먹지 못하는 특유의 억제력이 존재한다. 그러나 인간은 진화의 초기 단계부터 그 행동이 본성적으로 가변적인 특징을 지니고 있었으므로 동물계에서 특별한 위치를 차지한다. 이처럼 인간의 다른 동물들과 구별되는 특별하고 고유한 특징을 겔렌은 '세계개방성(Weltoffenheit)'의 개념으로 설명하였다. 세계개방성은 철학적 인간학에서 중요한 논제가 되는데, 넓은 의미에서는 인간의 본성을 다루는 철학의 분야이며, 좁은 의미로는 경험적인 인간학 연구에 대한 철학적 해석을 의미한다.[68] 이것은 인간이 유기적인 충동과 그가 경험하는 즉각적인 환경에서 해방된 존재임을 설명하는 용어이다. 인간은 인류가 만든 문화 세계에 스스로를 개방할 수 있는 존재이며 고정된 행동 패턴 없이 태어나 행동적 안정을 추구한다. 이처럼 인간에 대한 연구와 이해 과정은 단순히 실험과 결과로 정의할 수 있는 것이 아님이 분명해졌다. 그런 의미에서 철학적 인간학의 출현은 행동주의 인간학의 발전 과정 속에서 필연적인 것이었다.

---

68 볼파르트 판넨베르크, 『인간학 I』, 34.

9. 철학적 인간학 – '세계개방성'이라고 들어 봤니?

철학적 인간학은 칸트의 '인간학이란 무엇인가?'라는 질문에 대해 깊이 있는 고찰과 그 물음에 대한 논리적 근거들을 제시하는 철학적 논의이다.[69] 철학적 인간학의 개념은 독일의 사상가 막스 쉘러의 인간학 탐구 방법으로부터 유래되었다. 철학적 인간학은 행동주의와 독일의 행동 연구의 기본원리를 따른다. 즉, 철학적 인간학 역시 인간은 육체를 지니는 존재라는 면에서 규명해야 하고, 이를 위해 관찰할 수 있는 인간의 태도로부터 인간에 대해 밝혀내는 원리를 따르고 있다. 그러나 철학적 인간학은 인간의 행위 안에 자기 통제적인 요소가 작용함으로 자신이 중심 주체가 되어 자기표현으로서 행위를 하는 존재이다. 이런 부분에서 철학적 인간학은 행동주의와 구별된다.

쉘러나 겔렌은 인간의 이러한 특수한 위치를 '세계개방성'이라는 개념으로 규정하였고, 헬무트 플레스너는 '탈중심적 존재'라는 개념으로 표현하였다. 쉘러의 인간 이해는 프랑스의 생명철학 거장인 앙리 베르그송의 영향을 받았다. 베르그송의 생명철학은 삶의 존재론적인 실재성을 지속

---

69 쿠노 로렌츠, 『현대의 철학적 인간학』, 강학순 옮김 (서울: 서광사, 1997), 17. 로렌츠는 한국의 독자들에게 보내는 글 서문에 철학적 인간학의 정의를 다음과 같이 소개하였다.

이라는 개념으로 이해한다.[70] 그는 19세기의 끝자락에서 자신의 저서『물질과 기억』을 통해 이미 육체와 정신의 연관성에 대한 논의를 진행하고 있었다.[71] 베르그송에 따르면 인간의 인격은 과거에서 오늘에 이르기까지 쌓인 의식의 전체적인 작용 속에 형성된 것이며, 인간의 삶은 내적 본성에 따라 지속적으로 살아 움직이는 것이다.[72] 쉘러는 베르그송의 생명철학의 영향 아래서 자신의 의견을 발전시켜 나갔다. 그에 따르면 인격체인 인간은 정신적 존재로서, 인간의 정신성을 인간 현존재의 생물학적인 사실로부터 분리하여 생각할 수 없다. 그러나 인간의 정신성은 육체와의 상통함을 가지는 것이며, 인간의 특수성은 육체적으로 표현되는 것으로 이해하고자 하였다.

쉘러는 이러한 인간의 특수성을 '세계개방성'으로 보았다. 세계개방성은 인간이 더 이상 본능을 따르거나 주위 세계에 예속되지 않고, 주위 세계에 대하여 자유를 가진 개방된 존재임을 보여 주는 것이다.[73] 만약 인간에게 운명을 벗어날 힘이 없다면, 그래서 인간이 결정된 운명에 기계같이 반응하는 존재라면 인간에게는 교육이 필요하지 않을 것이다. 문화적으로 운명론을 강조하는 민족은 이런 면에서 교육과 계몽이 약한 특징을 보인다. 그러나 인간은 자신과 타자에게 필요한 주변 환경만을 인식하며, 객관적인 세계 밖에 있는 모든 불필요한 것들을 처음부터 걸러내어 버린다. 인간의 식별 능력은 선천적인 행동양식 안에서 결정된 것이 아니라 직관

---

70 홍경실,『베르그송의 철학』(경기도 고양시: 도서출판 인간사랑, 2005), 17.

71 황수영,『베르그송-지속과 생명의 형이상학』(서울: 이룸, 2003), 57-72.

72 오성주,『교육신학적 인간이해』, 80.

73 볼파르트 판넨베르크,『인간학 Ⅰ』, 36.

과 상념 안에서 인간의 순수한 본능을 통해 그 특징이 드러난다. 인간의 본능적 자극은 인격에 의해 제어가 가능하며, 이러한 자유로운 제어가 인격 혹은 정신의 개념으로 이해된다. 즉 인간에게 있어서의 정신은 생명체의 진화로 형성된 것이 아니라, 인간 개개인의 삶을 통해 특별히 드러나는 존재의 근거로 다시 돌아오는 것이다.[74] 곧 인간은 자신의 고유한 삶과 충동을 통하여 존재의 가장 높은 근거 자체로 자리매김할 수 있다.

자연 안에서 세계개방성에 근거한 인간의 특수성은 삶과 대면하는 원리로서 정신을 가지고 있다는 데 있다. 정신의 존재는 인간이 외부로부터 진화의 과정에 개입되어 있으며, 동시에 신에게 연결되어 있는 근거이다. 쉘러는 정신의 유래와 인간의 특수적 위치에 대해 인간과 신의 연관성을 근거로 발전시켜 나갔다. 특별히 인간은 윤리적인 삶과 종교적인 경험 속에서 진정한 도덕적 행위의 의미를 추구하는 존재이다. 인간이 지니는 가치는 인간 경험의 기본이며 개인이 세상을 인식하고 상호작용하는 방식으로 형성되는데 그 가치의 본연적인 의미를 파악하는 것이야말로 인간의 진정한 본질을 이해하는 것이다.

플레스너는 쉘러가 논하는 정신의 개념이 형이상학적인 논리 전개라 연관된다고 생각하였기에 이를 극복하는 개념적 보완을 통해 철학적 인간학을 발전시키고자 하였다. 그는 인간의 정신이라는 개념을 대신하여 '탈중심적 존재', 즉 불변적인 질서에 메이지 않는 인간의 지위에 대해 논하였다. 고등동물로 갈수록 삶을 전개하는 중심을 외부의 환경이 아닌 자신 안에 갖추고 있으며, 삶의 중심은 중앙집중식 신경조직의 끊임없는 발전과 진화의 과정에서 강화된다. 그러나 인간은 이러한 고등동물의 패턴

---

74 볼파르트 판넨베르크, 『인간학 Ⅰ』, 37.

을 넘어선, 어떠한 상규를 벗어난 존재이다. 인간은 자기중심을 내면에서만 가지고 있는 것이 아니라 자신의 밖에서도 찾을 수 있다. 이것이 바로 인간의 탈중심적인 존재로서 가지는 위상이다.[75] 인간은 자신에 대한 견해를 가질 수 있고 자아 반성을 할 수 있는 존재이다. 이것이 인간으로 하여금 사물을 대상화할 수 있는 능력의 근거가 된다. 인간은 자기반성의 능력을 통해 주위의 실재로부터 객관적이고 일정한 간격을 유지할 수 있다.

판넨베르크는 플레스너의 '탈중심적 존재'의 개념이 개인의 자의식과 동일한 것이며, 결국 인간의 정신을 의미하는 것으로 보았다. 플레스너는 정신의 의미를 고유하고 독립적이며 모든 삶에 대입하던 전통적인 원리에서, 삶의 구조적 변화를 통해 인간이 발전해 가는 단계로서의 개념으로 전환시켜 나갔다. 그러나 플레스너의 '탈중심적 존재'의 개념은 상규의 범위와 적용에 있어 애매모호함을 벗어나지 못하였다. 즉, 세밀한 신경조직을 갖춘 인간에게 있어 어디부터 어디까지가 상규 안에 머무는 것이며, 어느 범위부터 상규를 벗어남인지에 대해 경계를 제대로 정의하지 못하였다.[76]

인간의 본성과 사회에 대한 포괄적 관점을 제안했던 독일의 철학자 아르놀트 겔렌은 철학적 인간학을 발전시킴에 있어 플레스너의 '탈중심적 존재'보다 '세계개방성'의 개념을 선호하였다. 물론 겔렌에게도 형이상학적인 관점과 연관성을 지니는 영혼 혹은 정신이라는 주제는 조심스러운 것이었다. 그는 인간의 특수한 위치를 자연적 본성이라는 범주 안에서 다루면서, 영혼이나 정신 등 인간 내적 본질의 개념을 정의하는 데에는 한 걸음 물러선 인상을 심어 준다. 겔렌에 따르면 인간이 짐승과 구별되는 점

---

75 쿠노 로렌츠, 『현대의 철학적 인간학』, 149.

76 볼파르트 판넨베르크, 『인간학 Ⅰ』, 38.

은 비단 정신의 존재 여부에만 있는 것이 아니라 물리적인 운동양식에서 이미 상이함을 지니고 있다. 따라서 자기개방성은 인간의 육체적 행동의 고유성에 대한 근거가 된다.

그러나 인간의 고유성을 설명하는 과정에서 정신의 개념을 배제하기 위해서는 인간의 자극과 본능에 대한 특유의 제어력에 대해 쉘러와 다른 설명을 제공해야 했다. 과연 인간에게 정신이 아닌 어떤 것이 제어력의 근거가 될 수 있는가? 이에 대해 겔렌은, 제어는 인간 생활양식 가운데 드러나는 중심적인 구조적 표징으로, 수없이 많은 인간적 조직과 행동의 고유성에 깊은 연관성이 있다고 설명하였다. 그는 인간의 실존형식 자체에 대한 특정한 구조로서 인간의 제어력이 존재한다고 믿었다. 그는 쉘러가 주장했던 '충동제어'의 개념을 인류의 '발전제어'의 개념으로 확장시킨다.

인간은 태어날 때 '부족한 존재'로 태어난다. 다른 고등 포유류에 비해 인체 기관의 미개한 상태에서 너무 일찍 태어난다. 이때 인간은 생리적 조산에 의해 여전히 태아발육이 되어야 할 단계에서 이미 사회적 환경의 영향을 받게 된다. 즉, 인간은 '부족한 존재'로 너무 일찍 태어나기 때문에, 사회적 문화 세계를 통해 인간 특유의 제어력을 형성하게 되는 것이다. 따라서 인간은 자연에 의한 문화적 존재이다.[77] 인간의 제어력은 인지와 자극의 간격에서 발생하는 것이다. 동물들에게 인지는 자신의 본능을 해결하기 위한 도구에 불과하다. 그러나 인간은 동물적인 본능들이 대부분 퇴화되었으며, 그런 연유로 인지와 자극의 반응이 매우 둔하게 반응한다. 따라서 인간의 인지는 인간의 행동에 있어서 본능에 의해 제한받지 않고 주

---

77 쿠노 로렌츠, 『현대의 철학적 인간학』, 149. 겔렌의 자연적 정교성의 법칙으로 그의 테제이기도 하다.

관적인 고유의 삶을 전개할 수 있다. 인간이 본능성에 대한 제약이 적어짐에 따라 외부 자극과 인지 사이의 무한한 다양성으로 늘어남으로 인해 인간은 고유한 특성을 확보하게 되는 것이다.

인간의 고유성은 유아 시절 인간의 미숙함과 무력함의 결과로 나타나는 생물학적 결과일 뿐이다. 인간이 지니는 종족 특유의 결함을 극복하기 위해서 언어와 문화가 존재한다. 따라서 겔렌에게 인간은 행동하는 존재이다. 여기서 행동이라 함은 모든 인식의 단계나 문화행위를 포함하는 것이다. 인간은 행동을 통해서 언어, 문화, 기술을 습득함으로 자신의 약점을 극복하는 존재이다.[78]

쉘러는 인간이 정신을 지니고 있는 것에 대해 '최고의 존재 근거(Seinsgrund)'에 감사해야 한다고 주장했지만, 겔렌은 인간은 스스로를 창조하는 존재이며, 종교와 신은 인간이 세계를 스스로 일구어 가는 과정에서 생겨난 부수적 산물에 불과하다고 생각했다. 쉘러가 인간의 동물적 본능에 대한 제어력을 정신으로부터 받는다고 생각한 데 반해, 겔렌은 인지와 충동 사이의 간격으로부터 인간 스스로의 행동을 통해 특정한 문화 세계를 형성하는 것으로 보았다. 이러한 문화 세계의 내용들은 인간의 추진력과 방향 설정의 형성에 기여할 뿐, 인간의 정신과 같은 비물질적 요소는 존재하지 않는다 생각한 것이다. 겔렌의 이러한 개념은 근대 철학적 인간학의 정통 이론으로 자리를 잡았다.

그러나 그의 이론에 대한 여러 방향의 비판 또한 존재한다. 겔렌이 인간을 미숙한 존재로 본 것에 대하여 포르트만은 적극적으로 반대의견을 놓았다. 인간은 다른 고등 포유류에 비해 인체 기관의 미숙함이 존재하지

---

78 볼파르트 판넨베르크, 『인간학 Ⅰ』, 39-41.

만, 그 대신 다른 종류의 집중적인 충동체계가 크게 차별적으로 복잡, 다양하게 형성되어 있다.[79] 예를 들면 인간은 다른 동물에 비해 뇌의 주름과 그 전달 경로가 엄청난 양으로 증강되어 있다. 포르트만은 이것이 인간의 사회적인 문화에 의한 것이 아니며 인간 스스로의 심리적인 성격으로 이해해야 한다고 주장하였다. 그는 이러한 인간의 고유성을 논의하면서 인간을 '육화된 정신'을 지닌 존재로 보았다.

한편 철학적 인간학파 안에서는 인간의 고유적 특성으로서의 세계개방성에 대한 비판 또한 논의가 계속됐다. 아이블-아이베스펠트는 인간이 지닌 실재를 향한 개방성이 인간의 제한되고 일방적인 인식의 형태에 의해 굴절된다고 보았다. 인간은 육체를 가지고 있는 존재이며, 자신의 경험에 의존하여 방향을 정하는 지향성을 지니고 있다. 인간 안에도 선천적인 행동유형이 존재하는데, 가령 어린 아기가 울거나 웃고, 무엇인가를 꼭 잡거나 젖을 빨고, 옹알거리는 행동 유형은 타고난 것이다. 따라서 인간이 지니는 세계개방성은 지극히 제한적인 것에 불과하다.

그러나 인간이 선천적인 행동 양태를 지니고 있다는 것이 인간의 능력을 결정적으로 제한할 수는 없다. 선천적인 행동 양태는 인간의 자기 초월이나 역사성의 모형이 거듭 시도되는 출발점을 의미한다. 인간 개인의 노력과 문화의 전승도, 인간 특유의 조건 속에서 어디까지 갈 수 있는지에 대해 가늠할 수 없는 잠재력을 가지고 있다. 그러나 이러한 철학적 인간학의 발전 속에서 세계개방성의 의미는 축소되며, 대신 자아실현이라는 과정 안에서 새로운 방향성이 제시된다.[80] 철학적 인간학에 있어 참된 인간

---

79 볼파르트 판넨베르크, 『인간학 Ⅰ』, 42.

80 볼파르트 판넨베르크, 『인간학 Ⅰ』, 44.

다움은 이처럼 세계개방성과 자기 초월로서의 자아실현의 가능성을 통해
이 세상 속 인간의 독특한 위치를 보장한다.

10. 헤르더 - 하나님의 형상은 성장하는 과정 속에 있다

요한 고트프리트 헤르더는 18세기 독일의 사상가인 동시에 신학자이다. 헤르더의 인간 이해의 통찰력은 이미 20세기가 시작될 철학적 인간학의 모든 기반을 세우는 데 영향을 끼쳤다고 해도 과언이 아니다. 그는 인간이 하나님의 창조에서 처음으로 해방된 존재라 생각했다. 인간은 주어진 자연에 묶이지 않고 자연을 극복하며 새로운 삶의 세계를 창조할 수 있는 자유와 개방성을 지닌 존재이다.[81] 헤르더는 다른 동물들이 가지고 있는 선천적인 기술적 숙련이나 본능들이 인간에게는 없음을 인정하였다. 그는 인간이 유아기에 겪는 결함과 결핍을 관찰함으로, 인간의 미숙함에 대한 개념을 인지하고 있었다. 자연에 있어서 인간은 극도로 불균형한 상태로 놓인다. 대신 인간은 수많은 일과 규정들로 구성된 세계 가운데 위치하고 있다.[82] 이러한 관점 위에 헤르더의 인간에 대한 통찰력은 후대 철학적 인간학에 대해 막대한 영향력을 끼친다. 겔렌은 헤르더와 철학적 인간학의 관계에 대해 다음과 같이 말하였다.

---

81 김균진, 『기독교신학 2』, 315.

82 요한 고트프리트 폰 헤르더, 『언어의 기원에 대하여』, 조경식 옮김 (경기도 파주: 한길사, 2003), 40-43.

"철학적 인간학은 헤르더 이래 아무런 진전이 없다. 내가 현대과학의 수단을 동원하여 발전시키고자 하는 내용도 그 틀에 있어서 역시 같은 것이다. ····(중략)···· 인간학은 더 이상 진전시킬 필요가 없다. 왜냐하면 지금 있는 그대로가 진실이기 때문이다."

헤르더는 이성과 자유를 미숙한 인간의 자기완성을 위한 필수적 요소로 본다.[83] 겔렌이 이성과 자유를 인간 행동의 부산물에 본 것에 비해 헤르더는 그것을 인간 정신의 원천으로 받아들였다. 인간에게는 동물적인 본능 대신에 하나님에 의해 주어진 삶의 방향성이 존재한다. 헤르더가 이해하는 하나님의 형상은 '자아실현의 방향성'이었다. 본능이 동물들의 행동양식을 이끌어 가듯, 우리 안에 있는 하나님의 형상은 인간을 이끌어 간다. 인간의 영혼 속에 주어진 하나님의 형상은 우리의 태도에 있어 '개념(Zielbegriff)'과 '척도(Richtmaß)'로 작용한다. 인간에게 있어 하나님의 형상은 인간의 목표로 나아가는 개념이다. 따라서 헤르더에게 하나님의 형상은 인간의 인간다움을 의미한다.

인간이 처음 보유하고 있는 것은 이성과 인간성, 종교성을 지니는 성향으로서, 인간을 인간 되게 하는 데 있어 매우 파편적인 것에 불과하다. 인간은 스스로 자신을 완성하지 못한다. 그러나 인간은 다른 동물과 달리 본능을 거의 갖추지 못하고 태어났으나, 일평생 스스로 훈련해 나감으로 인간다움을 형성할 수 있다. 물론 훈련이 늘 순방향으로만 작용하는 것은 아니라. 그것인 인간을 타락의 방향으로 변화시킬 수도 있다. 그럼에도 인간

---

83 요한 고트프리트 폰 헤르더, 『언어의 기원에 대하여』, 47-48.

은 교육과 훈련을 통해 하나님의 형상을 회복해 나가야 하는 존재이다.[84]

헤르더가 생각하는 인류의 교육과정에는 여러 가지 요소가 포함된다. 그중 대표적인 것은 인간의 전통과 학습, 이성과 경험, 신적인 예정이다. 인간은 주변 환경과 타인에게 영향을 받아 학습하고 체득한다. 그리고 인간 안에 있는 이성과 경험으로 인해 자아를 형성하는 데 유기적인 힘을 얻는다. 인간은 외부의 영향에 수동적으로 반응하며, 외부 자극에 의해 자아가 형성되기도 한다. 그러나 인간은 자아 형성의 과정에 스스로 참여하며, 자신의 협력 없이는 자아가 형성되지는 않는다. 왜냐하면 인간은 자아 성찰을 할 수 있는 피조물이기 때문이다.[85] 그러나 헤르더에게 있어 인간의 훈련은 하나님의 섭리에 의해 완성되는 것이다. 인간의 전통과 학습, 이성과 경험은 신의 섭리와 예정된 종착점을 향해 인류를 이끌어 간다. 이러한 요인들의 상호작용 속에서 하나님의 예정이 효력을 발휘하게 되는 것이다.

따라서 헤르더가 생각하는 하나님의 형상은 예정적인 신앙과 계몽주의적 낙관론과 깊은 연관성을 가지고 있다. 인간이 신을 닮은 모습에 도달함은 그가 전혀 다른 현존재에 도달함을 의미한다. 즉, 그가 생각하는 하나님의 형상은 전통적인 입장처럼 인간의 근원적인 상황을 드러내는 것은 아니다. 앞서 언급했던 대로 기독교 교리 안에서의 인간은 의로웠던 원초적 상태에서 원죄로 인해 인간 본연의 완벽함을 잃어버린 타락한 존재로 인식한다. 교파와 흐름에 따라 하나님의 형상에 대한 다양한 이견들이 논의되지만, 인죄론 사상의 전제에는 보편점이 존재한다. 인류 역사의 시작점에서 인간은 하나님의 형상이 온전히 존재한 시기가 있었는데, 그것

---

84 볼파르트 판넨베르크, 『인간학 Ⅰ』, 47-48.

85 요한 고트프리트 폰 헤르더, 『언어의 기원에 대하여』, 48-49.

이 바로 첫 인간 본연의 상태였다는 것이다. 그러나 진화론적 관점을 수긍하는 헤르더의 입장에서 의로운 원초 상태를 지녔다는 인간에 대한 교리는 수용하기 어려운 것이었다. 그래서 헤르더는 '다듬어지고 있는 하나님의 형상'을 주장하게 되었다.

물론 하나님의 형상이 성장을 통해 온전해진다는 생각을 헤르더가 처음 주장한 것은 아니다.[86] 15세기 플로렌스파 플라톤주의의 창시자인 마르실리오 피치노는 그리스도의 성육신은 인간이 지니는 종교적인 운명의 완성이라고 생각했다. 그리고 그의 제자인 피코 델라 미란돌라는 하나님의 형상이 죄의 타락으로 파괴되었으나 그리스도에 의해 회복되었다고 보았다. 즉, 그리스도의 성육신 시대에 와서 비로소 인간의 창조가 완성되었다는 것이다. 그러나 피코가 강조한 하나님의 형상의 관점에 대해서는 조금 더 깊이 고찰할 필요가 있다. 그에게 있어 참된 인간으로 되어 감은 하나님의 은총으로 말미암은 거듭남이 아니라, 인간이 하나님을 닮아 가는 역동적 과정으로서 삶의 성취 과정을 향한 윤리적 주제이다. 인간의 완성은 예수 그리스도의 윤리적인 삶의 역정 속에서 완성된다.[87]

18세기 여러 방면에서 훌륭한 재능을 보였던 독일의 사상가 라이프니츠는 인간의 자기완성 과정에 대한 생각을 체계화하였는데, 이것은 인간이 도덕적 자기완성의 능력으로 '완벽 가능성(Perfektibilität)'을 지닌다는 개념이다. 그는 인간의 삶의 성취와 하나님 나라의 의미를 도덕적 행위의 목표 개념과 연관 지었다. 따라서 인간은 스스로의 본성과 신의 은총의 조화를 통해 도덕적 존재로서의 자아 성취에 한 걸음 나아가야 한다.

---

86 볼파르트 판넨베르크, 『인간학 I』, 54.
87 볼파르트 판넨베르크, 『인간학 I』, 55.

그러나 헤르더는 인간이 자기 향상을 통해서 도덕적으로 완벽해 질 가능성에 대해 회의적으로 생각했다. 왜냐하면 인간은 본능의 방어력을 거의 가지지 않은 채 태어났기에 인간이 완벽해질 가능성뿐만 아니라, 타락의 가능성도 존재하는 것이다.[88] 인간은 이성과 자유의 능력을 지니는 동시에 이에 대한 오류의 가능성을 지니는 존재이지 않은가?[89] 따라서 헤르더는 인간의 결핍된 부분을 극복하기 위해서는 외부로부터 힘에 의존해야 한다고 보았다. 그는 무엇보다도 전통과 학습이 이러한 결핍을 막고 인간성을 계발하는 데에 중요하다고 생각하였다.

또한 헤르더는 신의 섭리 아래서 인간의 내면적인 요소가 형성된다고 생각하였다. 헤르더에게 있어 하나님의 형상은, 인간의 자연적인 위치에서 섭리의 예정을 통하여 내면적으로 형성되어 간다. 헤르더는 자발적인 인간의 발전과 자기완성의 개념에 반대하며, 외부로부터의 다양한 영향과 이 영향력의 적절한 배분을 통해, 그리고 하나님의 섭리로 인해 하나님을 닮아 간다는 '점진적인 하나님의 형상설'을 주장한 것이다.[90] 그는 인간의 세계개방성과 운명의 실현도 이러한 사상적 기반을 바탕으로 수용하였다. 그는 인간의 문제들을 도덕적 문제로만 환원하려고 하는 당시 인간학의 경향을 극복하였다. 헤르더는 인간이 종교적인 삶의 문제에 있어 독특한 운명을 지녔는데, 그것은 자아실현과 자기완성으로 나가는 깨달음의 과정에서 고뇌는 가지는 것을 의미했다. 그러나 하나님의 섭리가 효과적으로 작용하기 위해서 인간은 자신의 이성과 자유를 통해 스스로를 숙

---

88 볼파르트 판넨베르크, 『인간학 Ⅰ』, 56.

89 쿠노 로렌츠, 『현대의 철학적 인간학』, 107.

90 볼파르트 판넨베르크, 『인간학 Ⅰ』, 58.

련되게 계발, 전수하는 일에 적극적 참여해야 한다.[91] 이것은 인간이 원초 상태의 완벽함을 회복해야 하는 존재가 아니라, 자아를 실현해야 할 운명을 지닌 존재로 이해하는 것이다. 인간은 하나님과 같이 태어난 것이 아니라 하나님과 같이 되어 가는 존재인 것이다.[92]

　20세기 미국의 사상가 앨런 도너간은 인간이 하나님과 함께 신앙공동체를 이루며 살아가도록 운명 지어진 존재임을 강조한다. 인간은 신앙공동체 안에서 인격적 존재로서 하나님의 형상을 실현하는데, 이것은 인간에게 주어진 운명이기도 하다. 따라서 인간의 위치는 아직 완전한 하나님의 형상을 지닌 것이 아니라 그것을 지닐 가능성에 머물러 있다. 스위스 신정통주의 신학자인 에밀 브루너는 인간의 '창조의 기원'을 현재 인간이 처해있는 상태에 대해 논의하기 위한 전제조건으로 보았다. 최초의 인류가 낙원의 상태에서 하나님과 완전한 일치를 이루던 역사적 상태에서 인간의 기원은 '하나님의 형상'의 원형이 보존되어 있었다. 그러나 현재 인간이 가지는 모습은 원형적인 하나님의 형상과는 반대되는 상태에 놓여 있다. 이것이 죄인인 인간의 상태이다. 따라서 인간적 현실은 "본래 모습과 반대 모습 사이의 모순 속에 들어 있는 삶"이다.[93] 인간의 운명은 현재로서는 잃어버린 인간의 원초 상태에 놓여 있는 것이다.

　키르케고르에 따르면 아담은 첫 번째 인류이자, 그 자체의 개인이며, 동시에 그 자신이 전 인류이다.[94] 그것은 전 인류가 개인에 참여하고 마찬

---

91 쿠노 로렌츠, 『현대의 철학적 인간학』, 131.

92 볼파르트 판넨베르크, 『인간학 Ⅰ』, 59.

93 볼파르트 판넨베르크, 『인간학 Ⅰ』, 60. 판넨베르크는 에밀 브루너의 표현을 인용하였고, 필자는 그것을 재인용하였다. 원문은 E. bruner, Der Mensch im Widerspuruch, 1937, 76.이다.

94 쇠렌 키르케고르, 『불안의 개념』, 임규정 옮김 (서울: 한길사, 1999), 135-136.

가지로 개인이 전 인류에 참여하는 원리가 된다. 매 순간 인간은 그 자신이며, 동시에 인류이다. 이것이 하나의 형태로서의 '인간의 완전성'이다.[95] 인간 종족은 완전한 인간의 상태이며, 동시에 모순이 내포된 존재이다. 그러나 인간은 이러한 자신의 존재에 대한 과제를 해결할 수 없으며, 이로 인해 회의에 빠져들게 된다. 개인적 자아로서의 인간의 모순은 자신에 대한 인식으로, 즉, 자신의 잃어버린 정체성을 깨닫는 형태로 드러난다. 인간 역사의 과정 중에서 인류는 그 모양새가 여전히 만들어져 가는 단계 가운데에 있으며, 그것은 여전히 인간 개개인의 '과제'로 남아 있다.

개인과 전 인류를 일치시키려는 실현이 태고에 한 번은 존재했던 상태로 설정하는 것은 신화적 사고방식과 일치한다. 구약성경이 가르치는 인류의 낙원에서의 원초 상태 역시 태고적 신화 이야기를 의미한다. 여기서 태고를 향하는 자세는 역사의 의미를 짚어가므로 언젠가 완성될 미래에 대한 소망을 내포한다. 인간의 본질은 이러한 생각의 지평 위에서 나타난다. 기독교 사상 저변에는 하나님의 섭리 안에서 인간의 운명이 미래에 구원을 이루리라는 낙관론을 품고 있다. 그리고 이러한 사고방식은 개개인에게 인간 존재에 대한 책임감을 심어 준다. 이러한 인간의 정체성은 자기 목표에 도달하기 위해 스스로를 극복하는 과제를 주며, 그 안에 스스로 참여할 것을 권유한다.

헤르더는 사회와 인간을 필수 불가결한 관계로 보았다.[96] 그에 따르면 인간은 누구나 자신의 운명을 실현하는 도상 위에 있기에 자기의 주변 세계와 주위 사람들의 상호관계 안에서 참여해야 한다. 이러한 요소들이 모

---

95 쇠렌 키르케고르, 『불안의 개념』, 133.

96 이사야 벌린, 『비코와 헤르더』, 이종흡, 강성호 옮김 (서울: 민음사, 1999), 336.

두 합치된다는 것은 하나님이 인류공동체의 기원이며 목표로서 우리에게 역사하실 때 이루어진다. 헤르더의 인간 이해는 이처럼 신인협력론적 관점에서 인간이 자기 운명을 실현해 가기 위해 하나님께 의존하는 것이다.[97] 그는 인간다움의 미숙함 가운데서 성장해 가는 과정으로서 하나님의 형상을 이해한다. 인간은 자신의 삶 속에서 인간의 운명을 실현해 가야 하는 존재이지만, 그러하지 못하는 모순 속에서 죄인으로서의 현존을 이해한다. 인간성을 향하는 우리의 운명은 이미 자연 존재로서의 고유성 안에서 이루어져야 함은 물론이며, 스스로가 현실적 여건을 갖추기 위해 능동적으로 나아가야 한다. 하나님의 형상은 인간 본성의 실현 목표이며 동시에 출발점으로 정립된 것이다.[98]

---

97 볼파르트 판넨베르크, 『인간학 Ⅰ』, 65.

98 볼파르트 판넨베르크, 『인간학 Ⅰ』, 67.

11. 판넨베르크 – 하나님의 형상과 '세계개방성'

현대의 인간학에 있어 세계개방성의 개념은 인간의 자기 초월이라는 개념과 많은 부분에서 동질성을 띤다. 인간의 자기 초월은 본능이 퇴화된 고등 동물인 인간이 출산 시의 미숙하지만 오랜 시간 학습을 통해 성장하는 인간이 가진 특징이다. 인간은 다른 동물들과 달리 과거와 미래를 보유한다. 오직 인간만이 상황과의 관련성에서 벗어나 스스로 간격을 둘 수 있는 존재이다. 인간은 자신의 인지 내용을 순전히 현재에만 국한하며 다른 내용과 결부시키지 않는다. 우리의 관심이 다른 누군가에게 향할 때, 자신이 남과 다름을 깨닫게 된다. 같은 행동 안에서도 대상이 나와 다름을 깨달으며, 인지 대상이 여러 다른 대상들과 구별되고 동시에 인식 주체인 자아가 인지 대상과 구별됨을 알게 된다. 인간의 이러한 객관화 능력은 인간의 자기 초월 요소에 포함된다. 다른 생물체들이 지니는 몰아적(沒我的) 역동성과 달리 인간은 스스로를 제삼자로 만들어 타자에게 다가가는 능력을 지니고 있다. 인간의 자기 초월은 추상적이고 이론적인 의식이 아니라 구체적인 삶의 모습을 동반하는 의식으로, 자아성을 통해 스스로 구별하여 판단하는 경계적 행위들을 선택할 수 있다.[99]

쉘러나 플레스너는 인간 삶의 본질적인 구조가 종교적인 주제를 포괄

---

99 볼파르트 판넨베르크, 『인간학 Ⅰ』, 69-70.

하고 있음을 인정하였다. 쉘러는 인간이 가지는 신적인 특질이, 인간의 자의식이나 세계에 대한 인식과 마찬가지로 인간의 본질에 대하여 똑같이 건설적인 영역에 속한다고 생각하였다.[100] 인간의 세계개방성에 있어 종교는 부차적인 요소가 아니라, 일차적인 요소이다. 판넨베르크는 이러한 인간의 특질이 성경적 내러티브, 곧 창조 기사 속에 나타난 인간과 하나님의 특별한 관계 속에서 부여받은 인간만의 고유성으로 보았다.

인간은 자신의 정체성을 성립하는 데 있어 초월적 세계의 어딘가에 자신을 붙들어 놔야 한다. 아리스토텔레스가 인간의 정신과 종교성을 자기 밖에서 인간 신체 기관의 내부로 침투해 들어오는 것으로 간주하는 인식을 가지고 있던 반면, 철학적 인간학자들은 정신을 하나의 인격으로서 인간 존재 행위의 중심 자체로 여기는 경향을 보였다.

판넨베르크는 인간의 신적 실재를 논하기 위해서 인간의 세계개방성과 자아초월의 관점에서 다른 객체와의 뚜렷한 차이점이 있음을 강조하였다. 인간에게 있는 자기 계발 능력과 환경에 대한 수용성, 그리고 더 나아가 자아 반성에 통해 성장하는 특질을 인간의 신적 실재적 요소, 곧 하나님의 형상으로 보았다. 그에게 있어 인간의 세계개방성은 세계의 한계를 넘어서는 개방성으로, 전체 세계를 한눈에 보는 안목을 가능케 하는 하나님을 향한 개방성을 의미하는 것이다. 그러나 이러한 특질은 헬라 형이상학적, 이원론적 견해인 영의 차원은 아니다. 판넨베르크에게 있어 하나님의 형상은 인간 존재의 통일성 안에 있다.

인간은 자신이 인식해야 하는 객체들에 대한 경험이나 상상을 극복해 나가면서 상규를 벗어난다. 일정한 규칙에 메이지 않는 특질인 세계개방

---

100 볼파르트 판넨베르크, 『인간학 Ⅰ』, 70.

성을 가진 인간은 자신과 다른 어떤 타자와 관계를 맺어가게 된다. 그런데 이 타자는 자기 세계의 모든 객체를 벗어나 어느 초월적 경지에 머무르는 존재이다. 이러한 타자는 세계 전체를 포괄할 뿐 아니라 세계 안에서 일어나는 인간의 모든 움직임이 이질적이고 다양함에도 불구하고 인간 존재의 삶을 통일시킬 수 있다.

인간은 무한성과 무조건성에 대해 실제적 관계를 연계하지만, 결국 인간의 유한한 경험과 관념적 규정의 한계로 인해 무한성은 사실상 유한한 것으로 제한된다. 무한함과 무조건성을 향하는 인간의 세계개방성은 언제나 유한한 내용으로 성격 지어질 수밖에 없다. 인간은 자신의 유한성 안에서 타자와 관계를 맺지만, 모든 인간적인 관계는 무한함을 향하는 관계를 내포하고 있으며, 이것은 결국 인간의 종교적인 바탕이 된다. 그리고 인간은 모든 유한한 사물들에 대한 극복에서부터 항상 실재로 회귀하게 되어 있다. 인간은 상규를 벗어나 자신의 현존재를 최종적으로 근거로 삼고 자아적 정체성을 획득하게 되는 신적인 실재로서의 인간의 길은 결국 외부 세계에 대한 경험을 통해 중개된다.[101]

인간은 타자들과의 경험 속에서 세계 내에서 축척된 환경과 주의의 영향을 통해 자아를 형성하고 성장하여 간다. 판넨베르크는 이러한 인간의 세계개방성을 기독론적 신앙관과 연계하여 설명한다. 곧 루터의 신앙적 테제인 '자기 밖에 그리스도 안에서'(extra se in Christo)는 인간이 일반적 규칙에 메이지 않는 특징, 즉 세계개방성과 같이 '타자 곁의 내 존재'와 같은 구조를 지닌다. 인간은 타자를 통해 자신을 발견하는 존재이며, 개체에 대한 경험은 인간 현존재의 구조 안에 있는 하나의 관점이다. 특별히 가장

---

101 볼파르트 판넨베르크, 『인간학 Ⅰ』, 75-77.

완전한 하나님의 형상을 지닌 그리스도가 삶과 죽음, 부활을 통해 우리에게 참인간다움을 회복하게 한다는 믿음을 가지고 있었다. 그럼에도 우리 개개인은 전체와의 연관을 통해서 개체의 의미를 파악하며, 개별적이고 특정한 대상을 향해 유한한 존재를 극복해 나가야 하는 과제가 남아 있다. 이러한 경험 속에서 인간은 종교적인 주제를 향해 나가게 되며 우리의 삶을 이끌어 가는 어느 신뢰적 존재, 곧 하나님에 대한 물음을 가지게 된다.

인간의 종교적인 의식은 특정 개체를 향한 우리의 경험 속에 이미 암시적으로 들어 있다. 즉, 세계개방성은 인간이 세계의 객체들과의 관계 속에서 보여 주는 객관화 능력으로서, 암시적으로 종교성을 깊이 내재하고 있다.[102] 이것은 인간을 우연히 발생한 고도의 유기물 중 하나로 이해하는 이들에게도 해당되는 것이다.

인간은 자신이 속한 세계 속에서 경험하는 것들에 대해 본질적인 답을 찾아가게끔 되어 있다. 인간은 본질상 종교적인 존재로서 자신의 근원과 구원의 의미를 갈망하는 존재이기 때문이다. 판넨베르크는 자신의 신앙적 입장으로 이러한 인간의 보편적 성향을 설명하였다. 인간의 역사는 하나님께서 진행하는 계획의 일부이며 인간은 이 역사의 진행 과정에서 그 본연의 역할을 감당하는 것이다. 역사는 하나님의 계시와 그 하나님과의 관계에 개방성을 가지고 참여할 수 있는 인간, 그리고 각 타자와의 존재의 상관관계 속에서 일어나는 사건이다. 인간은 하나님으로부터 청지기 직분을 부여받았고 하나님과 협력하여 이 세계의 발전과 돌봄의 역할에 기여하도록 부름을 받았기에, 이러한 역할을 감당하는 것이 우리 안에 있는 하나님의 속성을 반영하는 바른길이라 인식하였다.

---

102 볼파르트 판넨베르크, 『인간학 Ⅰ』, 79-80.

인간은 자신과 객체의 관계 속에서 스스로의 정체성에 대한 바른 방향성과 세계를 지탱하는 근원적 에너지에 대한 의구심을 지닌 존재이다. 심지어 무신론조차 이런 인간의 근원적 종교성을 표현하는 한 가지 방식일 뿐이다. 인간이 하나님의 형상에서 인간의 자기 모습을 찾게 되는 것 또한 인간의 근원적인 자아정체성과 밀접한 관련이 있다. 인간이 가지는 하나님을 향한 물음은 곧 인간 자신에 관한 물음과 늘 결부되어 있다. 인간 안에는 하나님의 속성이 내재되어 있어 합리성, 창조성, 도덕적 분별력, 사랑의 능력 등 다양한 모습으로 하나님의 본성을 반영할 수 있다. 우리는 세계개방성으로 대표되는 하나님의 형상을 통해 이러한 하나님의 속성을 표현하며 보다 나은 존재로 성장할 수 있다.

19세기 철학자 헤겔은 하나님에 대한 생각과 불멸성에 대한 믿음은 어떤 형태로든지 동일한 보편성을 지니는 내용이라 생각했다. 하나님의 존재성과 밀접한 관계성을 지니는 인간의 운명은 죽음을 넘어설 수 있는 영혼의 불멸성에 대해 종교성을 내재하게 된다. 인간 삶의 종교적인 주제에는 신적이고 동시에 유한함을 뛰어넘는 실재에 대한 여러 가지 생각들이 들어가는데, 인생의 무상함과 죽음을 넘어서 인간 현존재가 추구하는 불멸의 운명 역시 여기에 포함된다. 이러한 인간의 불멸성은 하나님의 형상과 밀접한 관계를 지닌다. 인간의 불멸성은 미래에 이루어질 모습이면서 아직은 원초 상태의 인간을 회복하지 못했음을 역설적으로 드러내는 개념이다.[103] 결국 인간은 하나님께서 만물과 화해함으로 구원에 이르도록 이끄는 미래를 소망하는 존재이다.

판넨베르크의 인간학에서 우리가 돌아봐야 할 또 하나의 특징은 그가

---

103 볼파르트 판넨베르크, 『인간학 Ⅰ』, 82.

공동체적 윤리의 중요성을 강조했다는 사실이다. 그에 따르면 인간은 본질적으로 사회적이고 윤리적인 존재이며 하나님과 타자와의 관계 속에서 공동선을 이루는 것을 기반으로 존엄성을 가진다. 판넨베르크는 창조 사건에서부터 인간이 사회적인 피조물이었음을 강조한다. 특별히 남녀가 함께하는 것을 '하나님이 보시기에 좋았더라' 기록된 성경 속 창조 내러티브가 인간 존재는 원초적인 상황에서부터 이미 타인과의 관계에 깊이 연결되었음을 보여 주는 것이라 생각했다.

인간은 하나님의 형상으로 세계개방성을 지닌 독특한 신적 특질을 가진 존재이지만 인간 윤리가 개인적인 관점에서만 이해될 수는 없다. 윤리적 관점에서 우리는 인간 실존의 공동체적 측면을 고려할 수밖에 없다. 인간은 공동체 안에서 개인의 이익보다 공동체 전반의 안전과 번영을 우선시하는 공동선을 추구해야 한다. 윤리는 어떤 추상적인 규칙을 따르는 것이 아니라 인간관계의 본질에서 파생하는 것이기 때문이다. 인간이 윤리적 행동을 추구할 때 관계와 공동체 전반에 미치는 영향력이 발생하기에 우리는 성경적 가치관을 따라 하나님이 원하시는 공의의 세계를 만들기 위해 노력해야 한다. 그의 인간학은 단순한 신학적 고찰에 그치는 것이 아니라 실질적인 윤리적인 주제들을 직접적으로 연결하여 소개하려는 노력을 품고 있다. 인간 존재의 목적과 그 창조성을 발휘하기 위해 인류는 사회적 본성 안에서 서로의 관계를 중시하며 공동선을 이루어 가야 한다. 이를 통해 하나님께서 원하시는 공동체를 실현하기 위해 나아가는 것이 세계개방성을 하나님의 형상으로 부여받은 인간 존재의 목적이라 할 수 있다.

IV.

현대 신학과
하나님의 형상

12. 현대 자유주의 신학 속 인간학 (1)

자유주의 신학은 전통적인 종교 신념과 근대의 지적, 문화적 발전을 조화시키려는 선교적 목적을 띤 신학 운동의 파생물이었다. 그러나 자유주의 신학은 철학과 과학의 요청에 행보를 맞추려다가 기독교 신앙이 가지는 고유성을 너무 쉽게 포기했다는 한계점을 보인다. 현대에 들어서면서 자유주의 신학자들은 기독교 전통 안팎의 다양한 관점과 정체성, 신념을 포용하는 경향을 보이고 있다. 그들의 접근 방식은 이제 신앙의 경계를 넘어 이해와 관용, 협력을 촉진하며 동시에 개인의 영적 여정을 강조하는 방식으로 발전하고 있다. 특별히 이 신학적 사조는 원죄, 속죄, 배타적 구원론 등의 전통적인 신앙적 개념에 도전적인 모습을 보인다.

돈 큐핏과 존 쉘비 스퐁, 존 로빈슨 등은 니체의 허무주의 사상을 계승하여 현대적 관점에서 기독교 신학을 해체-재해석하는 자유주의 신학자들이다. 이들은 전통적인 형이상학을 거부하고 철저하게 현실적이고 실존적인 개념을 통해 허무주의 사상과 동일한 지향점 속에서 신학을 발전시켜 나가고 있다. 이들은 인간을 이해함에 있어 기독교 신학에서 전통적으로 신으로부터 부여받은 신의 실재로서의 '하나님의 형상'을 부정하거나 재해석한다. 그들에 따르면 탈근대적인 현실은 더 이상 태고적 신적 실재를 부여받은 피조물로서의 인간 존재를 용납하지 않는다.

큐핏은 순수한 기독교의 본질은 존재한 적이 없으며, 기독교 전통이 종교 권력자들의 권력을 공고하게 만들기 위한 하나의 신화에 불과하다고 주장한다.[104] 전통적 기독교 언어와 개념은 현실을 문자 그대로 설명하는 것이 아니라 상징적이고 은유적인 것이다. 우리는 현대 지식과 철학적 통찰을 중심으로 인간을 형이상학적이고 초월적이며 관념적인 신의 개념에서 해방된 '주체적 존재'가 되어야 한다. 신의 개념은 인간의 열망과 가치, 문화적 영향을 반영하는 상상적 구성물에 의거한 것이기 때문이다.

영국국교회의 신학자 존 로빈슨은 기독교의 역사 속에서 신의 개념이 변해 온 것에 대해 주목한다. 그에 따르면 과거 문자 그대로 물리적인 공간으로서 하늘 위에 계시다고 믿어져 온 신의 존재가 과학적, 철학적 발전에 힘입어 형이상학적으로 '저 밖에 있는 존재'로서 변경된 사실을 지적한다. 전통적으로 삼층적 우주관을 기대했던 초대 기독교인들의 사고는 우주 시대가 도래한 오늘날에 있어 더 이상 진지하게 고려되지 않는다는 것이다. 그는 기독교 신학이 시대정황의 대화로 인한 발전 메카니즘을 가진다는 것 자체가 문화적 산물에 불과한 것임을 입증하는 것으로, 기독교 신학은 보편타당성의 공적인 지위를 가진 진리일 수 없다고 말한다. 로빈슨은 저 밖에 있는 신의 존재는 증명할 길이 없으므로, 현대 문명을 누리는 이들이 그것에 매일 필요가 없다고 본다.

그러나 그의 이러한 주장이 가지는 설득력은 매우 헐거워 보인다. 모든 가치 체계는 어떠한 전제 위에 논리적인 체계들이 형성되어 갖춰지는 것인데, 신의 존재에 대한 전제는 그 어떤 것보다 근본적인 주제이기 때문

---

104 돈 큐핏, 『예수 정신에 따른 기독교 개혁』, 박상선, 김준우 옮김 (서울: 한국기독교연구소, 2006), 29.

에, 실험이나 실증을 통한 신의 존재 여부를 결정할 수 있는 것이 아니다. 반대로 신이 존재하지 않는다는 어떠한 결정적인 증거 또한 존재할 수 없다. 로빈슨이 초월적 신의 존재가 어떤 숭고한 실체를 가정한 것으로, 인간적 두려움에 대한 하나의 투영에 불과할지도 모른다는 생각[105]은 이처럼 무신론자들의 사상을 맹목적으로 답습하는 것에 불과하다. 이러한 견해는 신앙과 이성의 상관관계에 대한 이해의 결핍에서 비롯된 것이다.[106] 신학이 계시와 시대적 정황성의 대화를 통해 발전하는 것은, 인간이 신앙을 이해하도록 돕기 때문이지, 그 자체가 신의 본성이나 존재 여부를 결정짓는 것은 아니다. 신학은 계시성이라는 독특한 특징의 이면에, 다른 학문과 마찬가지로 인류의 시대적 요청에 의해 재해석되는 창조성과 전통성을 동시에 지니고 있다.

미국 성공회 신학자 존 쉘비 스퐁은 신을 인간의 내면에 잠재된 종교성으로부터 발현된 존재로 본다. 그에게 인간의 종교성은 인류의 시작에서부터 인간 의식의 여명기에 있어 유일한 선택이었다.[107] 성경의 이야기와 구절은 역사적이거나 사실적인 진술이 아니라 인간 경험의 영적이고 도덕적 차원을 표현한 것이다. 기독교의 본질은 특정 교리에 있는 것이 아니라 기독교가 제시하는 도덕적, 윤리적 원칙에 있다고 믿는다. 이처럼 허무주의 사상의 영향을 받은 신학자들은 전통적 종교의 신이 종말을 맞이했다고 생각한다. 따라서 인간은 더 이상 형이상학적 초월의 존재에게 종속

105 존 로빈슨,『신에게 솔직히』, 현영학 옮김 (서울: 대한기독교서회, 2015), 23.

106 마이클 피터슨 외,『종교의 철학적 의미』, 하종호 옮김 (서울: 이화여자대학교출판부, 2013), 102-108.

107 스퐁,『영생에 대한 새로운 전망』, 138-140.

되어서는 안 되고 그것을 극복해 나가야 하는 사명을 가지고 있다.[108]

그러나 큐핏은 니체주의적 허무주의 사상에 동의하면서도 니체의 무신론적 가치관을 온전히 따르지는 않는다. 그는 인간을 영성적 측면에서 신적 실재를 가진 존재로 바라본다. 큐핏에 의하면, 하나님은 우리와 객체적으로 구별되는 존재가 아니라 인간 영성의 종교적 가치들을 보여 주는 통합적 상징이며 인간이 도달해야 할 영적 이상이다. 과거의 종교는 외부 세계로부터 오는 초월적인 힘에 의존하는 것이었다, 그러나 진정한 종교성은 인간의 내면에 존재하는 것이다. 큐빗은 이러한 점에서 하나님의 내재성 안에서의 인간의 영성을 강조함으로 인간의 참된 가치를 논한다.

이들은 전통적 형이상학과 초감각적 세계의 신은 존재하지 않는다고 말하지만, 계몽주의적 종교의 세속화로도 진정한 의미의 신과 인간의 관계를 정의할 수 없다고 본다. 계몽주의자들은 종교를 비종교적 용어로 환원하고자 하는 시도를 합리화해 왔으며, 인간이 지니는 의존성과 종교성을 동일시하였다. 그들은 낙관적인 인간론에 취해, 인간의 종교성을 장차 계몽 되어질 요소로 보았다. 그러나 그들이 말한 종교적 사유 방식의 종말은 아직 일어나지 않았다. 교회를 비롯한 여러 종교 기관의 사회적 역할이 줄어들었지만, 인간의 자율성이 확대된 오늘날에도 종교는 여전히 감당해야 할 역할과 가치를 가지고 있다.

영성이 배제된 자유는 그 방향성과 목적성을 잃어버린다. 따라서 우리에게는 스스로의 자유를 명령하고 열매 맺을 주체적인 영성이 필요하다. 그러나 이러한 참된 영성은 형이상학적 신의 죽음으로 인해 더 이상 전통적이고 제도적인 종교 안에서 충족될 수 없다. 그럼에도 인간에게는 여전

---

108 돈 큐핏, 『예수 정신에 따른 기독교 개혁』, 39.

히 종교성이 요구되는데, 이 종교적 영성의 충족을 위해 인간 개개인 안에 내재된 신의 존재를 추구하며 전통적인 객체로서의 하나님을 부정해야 한다. 인간의 주체적인 영성을 추구하기 위해서는 '종교의 내면화', '영적 자율성', '하나님의 내주화'의 요소들의 충족되어야 한다.[109]

큐핏에 따르면, 종교는 여러 세기를 거쳐 거대한 역사적 과정 속에서 삶의 의미와 가치가 외부로부터 내면화되어 인간 주체 안으로 들어온 것이다. 과거 인간은 신의 존재 가치가 객관적인 선재적 질서로서 위로부터 내려온 것으로 믿었다. 그러나 오늘날 현대인들은 삶의 영감과 방향의 모든 요소를 우리 안에서 만들어 내며, 스스로 그 가치와 의미를 창조하는 존재이다. 따라서 이제 인간은 객관적이고 제도적 종교를 넘어 주관적이고 내면적인 종교를 추구해야 한다. 종교적 교리는 더 이상 초보편적 객관성으로 받아들여져선 안 되고 개인의 삶을 구원하고 변화시키는 언어로 인식되어야 한다.

스퐁은 인간이 하나님과의 합일을 이루는 길은 외부로부터의 투사가 아니라, 인간 경험의 깊은 차원에서 이루어진다고 보았다. 즉, "종교는 궁극적으로 하나님의 의미를 찾는 행위가 아니라 인간의 의미를 탐구하는 행위"[110]인 것이다. 그의 주장은 부분적으로 주목할 부분이 있다. 존 웨슬리는 자신의 설교인 「하나님 나라로 가는 길」에서 참된 종교는 음식이나 종교적 의식의 엄수함으로 이루어지는 것이 아니고, 성령 안에서의 의와 화평과 행복 안에서 이루어짐을 강조하였다. 종교의 본질은 마음 깊은 곳

---

109 돈 큐핏, 『떠나보낸 하느님』, 이세형 옮김. (경기도 고양: 한국기독교연구소, 2006), 30-31.

110 스퐁, 『영생에 대한 새로운 전망』, 231.

속사람 안에 존재하는 것이다.[111] 분명한 것은 전통적인 종교적 규정들이 우리의 삶에 있어서 구체적으로 종교의 당위성에 대한 통찰력을 주지 못하고 지나치게 인식론적 관점에 치우친 나머지, 삶의 현장과 괴리되어 왔다는 사실이다. 참된 종교는 '무엇'이라는 인식론적 개념 규정에만 집중되면 안 되고, 삶을 '어떻게' 살아야 하는가의 의미 또한 돌아보아야 한다.[112]

물론 큐핏이 추구하는 종교의 내면화가 웨슬리의 참된 종교와 동일한 의미를 추구하는 것은 아니다. 큐핏은 인간이 더 이상 외부 세계로부터 거룩과 신비의 은총에 의지해서는 안 되며, 종교의 참의미를 내면에 정착시키므로 참된 종교의 의미를 삶 가운데에서 체화시켜야 한다고 주장한다.[113] 이들은 또한 인간이 영적 자율권을 쟁취해야 한다고 말하는데 이러한 주장은 니체의 초인 사상과 상통한다. 현대인들은 자신의 삶을 살기를 원하고 자신의 선택을 통한 스스로의 운명을 개척해 나가야 하는데, 자신의 인생에 대해 진취적이고 주도적인 선택이 곧 인생의 참된 행복의 조건과 연계되기 때문이다.[114]

그러나 인간이 진취적인 태도와 주도적인 선택으로 불안과 소외를 극복할 수 있다는 생각은 인간에 대한 극히 제한적인 이해에 근거한 것이다. 물고기가 물을 벗어나 자기 주도적 인생을 추구하는 것은 의미가 없듯이, 하나님과 분리되는 것도 인간의 진취적인 태도와 자기 주도적 선택으로 극복할 수 있는 사항은 아니다. 인생에서 갖가지 환란과 어려움을 겪을 때

---

111 존 웨슬리, "하나님 나라로 가는 길", 『웨슬리설교전집 1』, 조종남, 김홍기, 임승안 외 공역 (서울: 대한기독교서회, 2006), 135-137.

112 강남순, 『코즈모폴리터니즘과 종교』 (서울: 새물결플러스, 2015), 241.

113 돈 큐핏, 『떠나보낸 하느님』, 32.

114 돈 큐핏, 『떠나보낸 하느님』, 58.

스스로의 나약함과 연약함을 발견하는 순간이 얼마나 많은가? 이런 인간의 본질적 나약함을 인정하지 않고 개인의 성장과 완성만을 추구하는 것 또한 상황을 스스로 극복하지 못하는 누군가에겐 큰 압박으로 다가올 수 있다. 물론 역사 속에서는, 종교라는 이름으로 세계 권력 구조에 순응하고 개인의 자유를 제한하는 것을 인간의 숙명으로 강요하던 시대도 있었다. 그러나 그 시대적 정황이 기독교 신앙의 본질을 대변하는 것은 아니다. 또한 기독교 신학은 시대에 대한 반성을 통해 하나님의 뜻을 성찰하며 발전하는 과정 가운데 존재한다.

오늘날 사회는 공동체 질서의 급격한 해체와 개인주의의 확산, 이기주의 등으로 인해 소외와 불안 속에서 살아가고 있으며, 그 어느 때보다 이익 관계에 의한 인간 실존의 갈증에 고통받는 시대를 살고 있다. 과연 허무주의의 수호자인 니체는 자신의 인생을 모범으로 진정한 인간의 참된 자유를 누림으로 증명했는가? 그리고 허무주의를 지지하는 자유주의 신학자들도 스스로 영적 자율권을 온전히 누리며 살고 있는가? 그들이 주장하는 실존주의적 해석이 대중의 삶을 실질적으로 이해하고 보다 나은 방향을 제안하고 있는가에 대해 의구심을 버릴 수 없다.

13. 현대 자유주의 신학 속 인간학 (2)

하나님의 내재성에 대한 개념은 하나님의 임재가 초월적인 것이 아니라 창조된 세계의 모든 측면에 내재되어 존재한다는 사상으로 자유주의 신학과 깊은 연관성을 가지고 있다. 자유주의 신학 속의 신은 세상과 인간의 경험 속에서 임재하고 활동하는 존재이다. 돈 큐핏이 주장하는 신학의 핵심은 이러한 경향의 연장선 안에 있다. 우리 안에 하나님이 내주하신다는 것이다. 전통적 기독교 신학 안에서 영은 우리 안에 있는 신적 실재이며, 하나님의 형상이다. 그러나 큐핏은 이러한 하나님의 형상으로서의 영의 개념을 지고부터 인간에게 내재되어 있었던 자기 인식과 자기 초월을 이루는 원리로 바꾸어 이해한다. 인간은 스스로의 자율성과 주체성 가운데서 온전한 마음의 순수성과 사심 없음, 깊은 명상 등을 통해 참된 영적 존재로 나아가야 한다. 따라서 이들에게 하나님은 우리 영성 가운데서 인격적으로 환원된 영적 존재에 불과하다.[115] 즉, 신은 종교적 가치들을 인격화한 것이며, 자율적이고 창조적인 영적 존재이다. 신은 인간이 지니는 종교적 이상을 상상 속에서 실현하는 현실체이며, 동시에 신은 인간이 열망하고 도달하고자 하는 영적인 이상인 것이다.[116]

---

115 돈 큐핏, 『떠나보낸 하느님』, 42.

116 돈 큐핏, 『떠나보낸 하느님』, 196.

따라서 성경으로 계시된 기독교의 하나님은 존재하지 않는다. 큐핏에게 있어 외부에 계신 하나님을 자신을 통제하는 객체적인 권위로 기대하는 것은 인간이 극복해야 할 과제이다. 종교는 인간 본성의 내면적 변화를 요하는 것으로, 교리적인 믿음 체계의 가르침은 참사람으로 변화하도록 이끄는 것이 아니라, 속박하는 것에 불과하다. 인간은 하나님과의 내면적 연합을 통해 자율적인 영성의 참된 종교성을 가질 수 있다. 하나님과 인간은 더 이상 병렬로 늘어선 두 존재가 아니며, 형이상학의 차원에서 '저기 밖에' 계신 초월적인 하나님은 존재하지 않는다.

그러나 그들의 주장대로 인간의 주체성과 자율성이 과연 스스로의 존재를 고찰하도록 인도하고, 그로 말미암아 인간의 존엄성이 향상될 수 있는가? 기독교 신앙 체계는 시대적 정황성과 계시의 상관관계 속에서 늘 유기성을 가지고 발전해 왔고, 하나님과 인간의 관계를 설명하기 위해 노력해 왔다. 기독교 본연의 사상이 과연 허무주의적 신학자들의 주장과 같이 오늘날에 무용한 것으로 취급받는가? 성경은 하나님과 인간 사이의 풍성함에 대해 폭넓은 이해와 이야기, 그로 인한 내적 감화를 제공하고 있다. 특별히 성경은 하나님의 사랑을 통해 우리가 그분과 신비로운 관계 속에 실존적인 존재라고 고백함으로 인간의 존엄성과 목적성에 분명한 답을 보여 준다. 실존주의 철학자 샤르트르는 인간이 특정한 목적성을 지니지 않고 태어났기에 인간에게 있어 실존이 본질을 앞선다고 주장하였지만, 성경은 분명하게 하나님의 목적 아래서 하나님의 형상을 지닌 존재로 창조되었음을 보여 준다. 초월적 실재에 대한 실증이 빈약하다는 이유로 신과 인간의 관계를 단절시키고 성경을 주변적인 것으로 돌리는 것은, 인간의 존재와 실존을 세속적인 합리성이라는 체계 속으로 환원시키는 노력에 불과하다.

물론 오늘날을 사는 이들 중에게 초우주적 창조자-정신(Creator-Mind)의 존재 여부를 종교 영역으로 생각할 이유가 없다고 말할지 모른다. 혹자는 이러한 논의가 종교적 관심 말고는 인간에게 아무런 유익을 주지 못한다고 생각할 것이다. 그러나 탁월한 철학자 화이트헤드는 자신의 저서인 『Religion in the Making』에서 우주론적 세계의 기원과 종교가 분리 불가결한 관계임을 주장한다.[117] 특별히 우리는 인류사를 통해 인간과 세상의 만남에서 종교가 어떻게 발생하였고, 이런 경험들이 축적되어 종교적 사고가 어떻게 발전하였는지 돌아볼 기회를 얻는다.

인간에게 종교는 신성과 세계의 경험을 소통하고 함축할 수 있는 상징성을 지닌다. 또한 우주는 실재적으로 끊임없이 변화하고 생성되는 상태에서 창의성을 내재한다. 이로 말미암아 세계는 지속적인 변화와 창의성을 내재하고 있으며 이러한 세계의 진행 과정 중에 신의 존재에 대해 긍정할 수 있음을 시사한다. 과학적 관찰과 인간의 존재에 대한 영적 차원이 서로 대립되는 것에 머무는 것이 아니라 총체적 접근을 통해 과학적 이해와 종교적 통찰력의 접촉점을 찾아갈 수 있다고 본 것이다.

오늘날 인간의 정체성과 종교의 상관관계에 대한 관심이 개인적 취향의 영역으로 축소되었다 말하지만, 실제로 오늘날은 그 어느 시대보다도 많은 이들이 종교를 가지고 살아가고 있다. 이러한 사실은 우리에게 종교의 고유한 관점을 통해 인간의 종교성에 대한 논의를 계속해 나갈 당위성을 부여한다. 앞서 허무주의 신학자들이 주장하는 영성은 자율적인 인간

---

117 Alfred North Whitehead, *Religion in the Making*, Cleveland and New York: The World Publishing Company, 1967. 136.

의 주체성을 위한 영성이며, 내면화된 선험적인 원리들인 동시에 자기의 의지와 선호도로 받아들여졌다. 즉, 현대인의 자의식은 신에게 넘겨주는 것이 아니라 자신의 것이어야 한다. 이들은 참된 객체화된 절대자가 존재한다면 악의 문제와 갈등에 대한 모순점은 존재할 수 없다고 생각한다. 악의 실재와 악의 실재를 경험하는 신의 존재의 역설은 전통 기독교 신앙에 대한 거부감만을 키워 나갔다는 것이다.

이런 이유에서 스퐁에게 신은 인격을 지닌 하나의 존재(being)가 아니라 우리의 존재 과정이며 우리가 인격성이 가진 존재로서의 과정(the process)이다. 신은 인격적이거나 초월적인 존재가 아니라, 인간이 지니는 개인적 특성을 넘어서는 새로운 가능성으로 인도하는 존재로 우리의 삶 속에서 존재를 갖는 현존으로 보는 것이다.[118] 따라서 영적 존재로서의 신은 우리가 이루어야 할 목표이며 구체화된 종교적 관심에 불과하다. 그러나 인간은 이상을 추구하는 존재이기에 우리의 삶의 목표는 신과의 연합이며, 사실은 인간의 도덕적-영적 투영으로서의 대상화하는 것이 종교가 나아가야 할 길이라 생각한다.[119]

그러나 인간이 영성적 존재라 함은 즉 영을 품은 존재임을 의미하는데, 스퐁이 생각하는 영의 개념은 그저 내적 경험을 쌓고 통찰력을 확보하는 심리적 영역에 머무는 것이다. 인간은 자연주의적 관점으로 이성적 존재로서 연민, 사회 정의, 인간 사회 개선을 위해 헌신하는 것이 곧 그 존재 가치의 존엄성이라 생각한다. 곧 스스로를 발전시킴으로 사회에 그 능력을 헌신하는 것이 삶의 가치이고 존재적 구원인 것이다. 그러나 신적 초월

---

118 스퐁, 『영생에 대한 새로운 전망』, 231.

119 돈 큐핏, 『떠나보낸 하느님』, 42.

성을 부정한다고 실존적 영역에서 인간 본연의 참의미와 유익을 찾을 수 있는가? 과연 신적 초월성은 참인간 존재의 존엄성을 깨닫는 데 방해가 되는가?

한때 전 세계적으로 슈퍼히어로 영화가 유행하였다. 그들의 능력은 초자연적인 수준을 넘어 흔히 생각하는 신적인 영역에 닿는 것이기도 했다. 우리는 그들의 활약에서 위안을 얻고 열광하며 그들의 영웅담을 소비했다. 현대인들에게 초월적 가치가 인간에게 무의미하다면 왜 이 문명의 시대에 인류는 슈퍼히어로의 영웅담에 열광하는가? 그 와중에 우리는 심지어 히어로들이 스스로 능력 안에서 모든 것을 구원하지 못하는 현실에 좌절하며 내적 갈등을 심도 있게 보여 주지 않는가? 그러한 문화 콘텐츠 깊이에는 전능하고 인격적인 신에 대한 열망이 투영되는 것이 아닌가?

자유주의 신학자들은 기독교의 인죄론이 참된 인간의 영성을 회복하는 데 아무런 도움이 되지 않는다고 생각한다. 그들은 인간이 스스로를 죄인으로 비하하고 신의 존재를 삶의 목적으로 경배하는 종속된 여인의 모습은 참된 인간성을 회복하는 데 아무런 도움이 되지 못한다고 말한다. 곧 인죄론은 신을 종교적 대상화하고 인간을 본성적으로 염세주의에 빠지게 함으로 사회통제수단으로서의 기능을 할 뿐이다. 참된 인간의 영성은 내세의 삶을 배제하는 종교인이 됨으로 온전한 유익을 누린다. 죽음은 필연적으로 우리에게 일어나는 사건이며 그 이후의 삶은 그 무엇으로도 증명할 길이 없기 때문이다. 오히려 우리는 죽음의 확실성을 보다 정직하고 순수하게 맞아야 한다.[120] 기본적으로 모든 인간은 죽음을 부정하기 위해 절망적인 마음으로 삶에 집착하는 자연적 자아의 횡포에 메여 있는 존재이

---

120 돈 큐핏, 『떠나보낸 하느님』, 273-279.

다. 그러나 이러한 모습에서 벗어남으로 새로운 신적 의식의 형태에 들어갈 수 있다. 즉 죽음에 대해 무집착의 상태로 들어가는 것이 진정한 의미에서 신적인 의식, 즉 하나님의 형상을 지닌 참된 인간이 됨을 주장하는 것이다.

인간의 진정한 자율은 이처럼 '사심 없는 상태'에 이르게 되는 것이며, 수양을 통해 초월의 단계, 즉 무집착과 자율과 종교적 가치들에 대한 사심 없는 내면적 사랑을 키워나감으로 하나님에게 이르게 되는 존재이다.[121] 자유주의 신학자들에게 있어 인간에게 주어진 하나님의 형상은 이러한 사심 없는 상태의 의식에 도달하는 훈련된 내면이라 할 수 있다.

큐핏에게 예수는 이러한 참된 영성에 도달한 하나님의 형상을 지닌 자의 모델이다. 그러나 예수는 성육신한 하나님이 아니며, 그 안에 하나님의 상징성을 품은 존재이다. 그는 예수 정신이야말로 기존의 제도적 종교성을 해체하고 참된 종교성을 추구하는 전형적인 모범으로 생각한다. 그에게 있어 예수 정신은 역사적 예수에 대한 조명하에서 그의 인격 속에 드러난 탈도그마적인 본질을 추구하는 것이다. 종교적 이념은 인간의 도덕적 필요조건을 위해 인간 내면의 신성을 추구하게 하는 것으로, 성경이 주는 도덕적 의미에 대해 수정을 가할 수 있다고 생각한다.[122] 예수의 가르침은 인간이 현재의 순간을 온전히 살도록 이끌기에, 우리는 그 가르침을 따라 인간의 고통과 사회적 문제를 해결하도록 나아가는 주체가 될 수 있다. 우리는 성경의 전통적인 믿음과 제도에 메여서는 안 되고 인본주의적이고 합리적인 관점에서 예수의 도덕적 모범을 발견해야 하는 것이다.

---

121 돈 큐핏, 『떠나보낸 하느님』, 280-282.

122 돈 큐핏, 『예수 정신에 따른 기독교 개혁』, 155.

그러나 큐핏이 옹호하는 역사적 예수 연구에 대해서 우리는 적지 않은 회의를 가지게 된다. 성경은 분명히 신앙공동체를 위해 저술되었고, 그들이 그 신앙을 수호하기 위해 기꺼이 순교자의 자리를 자처한 것은 역사적으로 증명된 사실이다. 처음 교회 구성의 대다수는 유대계였고, 제자들은 유대적 문화 전통에서 구약성경의 예언 성취로써 메시아인 예수를 전했다. 초대 신앙공동체는 그 예수가 예언의 온전한 성취이며 계시된 하나님이심을 믿었다. 큐핏이 지지하는 역사적 예수 연구의 예수상은 이스라엘 공동체에서부터 이어져 온 야훼 신앙 언약의 성취이기보다는 20세기 이후 시대적 요청에 의해 가공된 사상의 레퍼런스에 불과하다. 그 증거로 이런 진보적 신학은 필연적으로 구약 성경의 야훼와 기독교 신앙을 분리하는 작업을 하고 있다. 개연적으로 맞지 않는 부분을 기독교 신앙의 원리였다고 설명-체계화하려다 보니 구약성경의 사상은 기독교 신학과 괴리된 것으로 설명할 수밖에 없는 것이다. 스퐁은 심지어 구약의 야훼는 예수가 말하는 하나님이 될 수 없다는 초대교회 이단의 사상을 그대로 답습하는 주장을 펴기도 한다.

진보적 관점에서 기독교 신앙의 역사성을 비판하는 관점 중 하나는 기독교 공동체가 성경 해석을 할 때 방법론이 변해 갔다는 것이다. 고대 신화적 관점에서 형이상학, 그리고 문자주의 등의 철학의 렌즈를 빌렸기에 그 역사성과 진위성을 의심한다는 것인데, 그 또한 성경의 역사성을 반대할 근거가 되지 않는다. 그저 고대인들의 신화적 사고가 오늘날 우리의 실증적 능력보다 떨어지길 바라던 20세기 계몽주의자들의 바람일 뿐이다. 초대교회 역사 속에서 일어난 신앙 테제와 순교자의 삶은 엄청난 영향력을 발휘해 왔다. 물론 자유주의 신학자들은 꾸준히 그 역사적 의미를 인과적-사회학적-정치적 영역으로 축소하려 노력했다. 그렇지만, 예수가 실제로 부활한 하나님의 아들이라는 증언과 그 실제성을 배제한 어떠한 가설도 기독교 신앙의 역사적 자취를 개연적으로 설명할 수 없다. 고대인들이 신화적 사고를 가졌다는 것은 그들이 지적 능력이 미개했던 것이 아니라, 종교성을 더 열어 놓고 살았던 시대였음을 보여 주는 것이다. 초대교회의 신화적 사고는 그들이 종교성의 충족을 누린 위대한 공동체가 존재했다는 뜻이고, 그 신화적 사고의 충족은 부활 사건이 실제로 있었기 때문이다.

기독교 신앙은 오묘한 말장난이나 긴 역사 속에서 부가적으로 발전한 산물의 흔적이 아니다. 제자들이 진리라 고백한 예수에 대한 삶의 자세가 그 증거이다. 사도 바울이 논하듯 기독교 신앙은 그리스도의 부활 사건에서 완성되고, 부활의 실제성이 없다면, 교회에 있는 모든 시간은 시간 낭비이다. 예수가 하나님의 아들이 아니라면, 그래서 부활이 실제 일어난 일이 아니라면 기독교 신앙에 대한 모든 진술은 그저 종교 장사에 불과하다. 분명한 것은 예수의 삶을 시간적, 지리적으로 보다 가까이서 경험한 이들이 바라본 예수는 신앙의 대상이며, 구원자였다(히2:10). 과거 슈바이처가 언급한 대로 역사적 예수 연구가 묘사하는 예수는 자신들의 감정의 투영 대상에 불과한 것이며, 심층적인 예수 세미나 역시, 2000년의 격차와 실증적 차원 증거의 간극 가운데 행해지는 희곡에 불과한 실정이다.

14. 과정신학 속 하나님의 형상

현대 과학의 발전과 새로운 철학적 사상의 맥락은 기독교 신학을 더욱 풍성하게 성찰하는 계기를 마련하였다. 특별히 영국의 수학자이자 철학자인 화이트헤드가 제안한 과정철학은 전통적인 기독교 신앙의 신념과 현대 과학적 이해의 접촉점을 제공하였다. 앞서 언급한 자유주의 신학자들은 기존의 모든 형이상학이나 초월성을 내포한 가치들을 제거함으로 실존적인 신학을 주장하는 데 집중하였다. 그러나 과정신학은 형이상학과 완전한 작별을 고하지 않는다. 대신 존재와 실재의 기본 방식으로서 과정이라는 근본적 개념을 강조한다. 곧 우주는 역동적이고 상호 연결된 특성을 가지고 있는데, 모든 것은 끊임없이 변화하고 생성되며 상호적인 관계에 있다. 이러한 형이상학적 기반을 바탕으로 20세기 중반에 과정신학이 출현하게 된 것이다.

특별히 과정신학의 선두 주자인 찰스 하츠혼은 세상과 하나님의 관계를 설명하며, 세상의 고통을 포함한 세상의 과정에 참여하는 하나님을 소개했다. 그의 신학은 범재신론적 기반을 가지고 있다. 범재신론은 신이 우주의 모든 측면에 내재해 있기에 신성한 세계와 물질세계 사이의 구별은 존재하지 않는다. 우주는 신 안에 있으나 신은 그 우주를 초월하는 영역에까지 미칠 가능성을 열어 놓고 있다. 그에게 하나님은 우주와 동일한 존재가 아니며, 무한한 가능성과 잠재력을 가진 존재로서 현실화된 세계 경험에 대한 신적인 반응을 반영하는 분이시다. 그분은 우주 안에 일어나는 실제 사건과 서로 간에 작용하며 참신함과 아름다움을 이루어 가시는 창조 과정을 이루시는 존재시다. 과정신학은 과학과 실증적 사고가 발달한 이 시대에 허무주의와 달리 객체적인 신의 존재를 긍정하면서 종교의 의미를 발전시켜 나간다.[123]

과정신학은 앞서 자유주의 신학자들이 거부했던 형이상학적 사유를 화이트헤드의 과정철학을 바탕으로 새롭게 적용하여 나간다. 물론 과정신학 역시 중세와 고대 신학자들이 논하던 형이상학적 언어와 개념을 그대로 답습하지는 않는다. 화이트헤드는 인간 고유의 경험과 존재하는 모든 현실적 존재 속에서 형이상학의 개념을 적용함으로 "실존적 상관성과 형이상학적 깊이를 융합"[124]하고 있다.

이들이 긍정하는 형이상학적 언어는 '창조성'과 '다자(many)', '일자(one)'를 포함하는 범주 안에서 논의된다. 여기서 창조성은 현실태가 갖는 보편적인 특성으로, 현실태 안에 내재되어 있다. 이는 피조물의 존재가 전적으로 하나님에게 의존되어 있거나 피조물의 창조적 힘을 스스로에게서 발산하는 것이 아니라, 현실태 안에서 그들 나름의 창조성을 갖게 됨을 의미한다. 즉 자기 안에 있는 창조의 힘과 타자 안에 있는 창조의 힘으로서 두 차원의 창조성은 '경험의 계기'를 통해 구성된 현실적 존재 안에 있다.[125]

과정신학자들은 우주 안에 거대한 영향력을 끼칠 수 있는 신의 존재와

---

123 그리핀, 『포스트모던 하나님 포스트모던 기독교』, 46-47.

124 존 B.캅 Jr, 데이빗 그리핀, 『캅과 그리핀의 과정신학』(서울, 대구: 이문출판사, 2012), 21.

125 데이빗 그리핀, 『과정신정론』, 이세형 옮김 (서울, 대구: 이문출판사, 2007), 349.

신의 선함을 긍정하면서 대신 신의 무한한 전능성을 제한함으로 신정론의 악의 문제를 극복해 나가고자 한다.[126] 이들에게 있어 하나님은 전통 종교 교리에 매여 있는 존재가 아니라 우주적 존재이자 공동의 선을 추구하는 과정으로서 피조 세계를 설득하는 존재이다.

데이빗 그리핀은 자신의 저서 『포스트모던 하나님 포스트모던 기독교』를 통해 과정 신학이 포스트모던 세계관과 지향점이 일치하며 현대 시대에 긍정적인 신학으로 발전할 수 있음에 대해 논의한다. 앞서 언급한 자유주의 신학자들은 지나치게 개인주의적 관점에서 인간 실존과 잠재력에 집중하였다면, 과정신학은 신의 존재를 긍정하면서 그 안에서 공동체적 윤리와 정체성을 강화하는 데 집중한다. 특별히 그리핀은 기독교 신학이 가지는 인간 존재의 중요성, 즉 인간이 피조 세계에서 우월하게 여겨지는 근거는 하나님과 다른 인간들과의 관계하는 존재이기 때문이라 보았다. 인간은 하나님 안에서 공동체적 운명을 가진 존재이다. 이러한 하나님과 인간 사이의 관계성은 다른 피조 세계와의 관계성으로 확대되어야 한다.[127]

과정신학은 신인 협동론적 입장을 중심으로 우주적 차원에서 함께 선을 추구해 나가는 과정이다. 이런 사상은 타인을 사랑과 환대 속에 초대하고, 우주적 신적 일자인 하나님께서 피조 세계를 설득하는 인격적 교제를 보여 줌으로 현대 시대를 살아가는 현대인들에게 영적이고 내적이며 풍성한 에너지를 제공한다. 과정신학이 추구하는 신인 협동론은, 감리회 신학 속에서 논의되는 신인 협동론(Synergy)과 비슷한 맥락 아래 있다. 웨

---

126 존 H. 힉, 『종교철학』, 김희수 옮김 (서울: 동문선, 2000), 93-94.

127 존 B.캅 Jr, 데이빗 그리핀, 『캅과 그리핀의 과정신학』, 35.

슬리안이 논하는 신인 협동론은 하나님이 베푸시는 구원의 은총에 인간이 믿음으로 참여함으로 하나님의 구원을 이루는 양자 간의 반응을 논한다. 그러나 일부 극단적 칼빈주의를 지지하는 개혁주의 신학 진영에서는 이러한 감리회 신학을 펠라기우스적 공로주의로 비하해 오곤 했다. 소위 근본주의 신학으로 일컬어지는 그들의 사상은 하나님을 일방적 이중예정의 주권자이며 변하지 않는 중세 군주, 혹은 엄격하고 고지식한 아버지의 이미지에 고착화시키는 단점이 있다. 이러한 이미지는 오늘날 실존적인 인간의 인격 형성 과정에 많은 부정적인 영향을 끼친다는 사실이 다양한 사례와 경험을 통해 알려지고 있다.

성경은 하나님의 주권과 사랑을 동시에 논하지만, 그럼에도 인간론적 관점에서는 하나님께서 본질상 사랑이심이 깨닫는 것이 더 중요하다(요일4:16). 과정신학은 그러한 하나님의 성품을 성찰하며 하나님의 선하심에 초점을 맞춘다. 특별히 과정신학자들은 인간 안에 들어 있는 하나님의 형상이 하나님과 우주적 객체를 향해 설득하고 설득당할 수 있는 관계적 측면임을 강조하는데,[128] 이것은 기독교의 신비주의적 관점에서 언급하는 관계성으로서의 영성과 소통하며, 더 나아가 생태신학적 관점에서 우주적 존재의 화합과 사랑으로 발전할 여지를 주고 있다. 이로 인해 현대인들이 겪고 있는 성, 인종, 종교, 빈부격차, 평화 등 공동체 안에 드러난 실재적인 문제에 대해 대안을 주고, 동시에 개인주의-이기주의적 사회 풍토로 인해 갈급해하는 현대인들에게 공동체성의 중요성을 위계적 질서의 공동체가 아닌 화합하는 공동체를 추구할 수 있게 되는 것이다.

오늘날을 구성하는 세계관적 요소 중 적지 않은 부분이 근대적 세계관

---

128 데이빗 그리핀, 『포스트모던 하나님 포스트모던 기독교』, 45.

에 대한 반작용으로 발생한 것이다. 그리핀은 근대세계관 발전 과정을 두 단계로 분류하여 상당히 명쾌한 분석을 제시한다. 그에 따르면 영국의 보일, 뉴턴, 프랑스의 멀센과 데카르트 등에 의해 주도된 근대 세계관의 첫 단계에서 인격적인 신에 의한 창조와 인간 자아의 고유성, 육체적 죽음 이후 내세를 통한 삶의 지속성 등은 거부되지 않았다. 그러나 다음 단계의 근대 사상가들은 이러한 믿음을 합리주의와 결합시키는 과정에서 기계론적 자연관을 채택하게 되었다. 그들은 하나님의 형상으로 지음 받은 인간의 영혼이 자연 안에 존재하는 어떤 것과도 전혀 다른 것으로 인식하였다. 데카르트는 '육체와 정신의 절대적 이원론'을 주장했는데, 이 세계가 동일한 두 가지 실재 사물인 영혼과 육체, 정신과 물질로 구성되어 있다고 본 것이다. 그러나 이러한 관점들은 점차적으로 무신론적 관점으로 발전하는 계기가 되었다. 과연 어떻게 "비물질적이고 인격적인 영혼이 물질적이고 비인격적인 기계와 같은 육체와 상호작용을 할 수 있는가?"[129]에 대한 의구심이 심화되어지기 시작했다. 이로 인해 영혼은 기계 속에 있는 유령처럼 받아들여지기 시작했고, 물질적인 힘을 발휘할 수 없는 정신은 이러한 물리적 육체 작용의 부수적인 것으로 생각하였다.

근대 세계관의 두 번째 단계는 유물론적 세계관과 관련된 것이다. 이들은 점차 정신을 뇌와 동일시하였으며, 죽음 이후의 내세에 대하여는 전적으로 부정하게 되었다. 당대의 무신론적 유물론은 급진적인 문명의 발전과 낙관적인 미래를 자신하는 시대정신과 맞물려 성행하였다.[130] 그러나 근대 세계관은 인간됨의 중요성과 인간의 영적, 관계적 특성을 지나치게

---

129 데이빗 그리핀, 『포스트모던 하나님 포스트모던 기독교』, 73.

130 데이빗 그리핀, 『포스트모던 하나님 포스트모던 기독교』, 73-75.

기계적으로 환원시켜 버렸으며, 인간의 윤리적, 도덕적 가치관에 대한 이해를 풍족하게 만들지 못했다.

오늘날 물질의 풍요와 첨단 기술 인간을 행복하게 하는 필요충분조건이 되지 못하며, 오히려 세계 역사상 그 어느 때보다 인간의 종교적-초월적 욕구에 스스로를 개방하여 종교 문화를 추구하는 형국이다. 그리핀은 포스트모던 사상이 갖는 비전의 일관성을 중요시한다. 현대 시대에 수용 가능한 비전은 과학적 사실뿐 아니라 도덕, 심미학적 차원, 그리고 우리가 겪는 종교적 차원에서도 합당한 것이어야 한다. 다만 그는 인격적인 자아를 품은 인간 존재가 자연적 일부로서 창조 세계에 속한다는 사실은 인간 중심주의를 극복해야 한다고 생각한다. 이러한 입장은 에너지가 구체화되어 이루어진 사물들에 의해 이 세계가 구성되어 있다고 보는, 즉 에너지와 질량이 교환 가능하다고 보는 범에너지주의(panenergism)를 긍정한다.[131] 그리핀은 인간이 지닌 에너지를 창조성의 개념으로 확대해 나가며, 정신과 육체 등 인간의 구성 요소를 이 창조성과 더불어 이끌어 내는 본래적 힘의 소유자로 보았다. 인간을 넘어선 모든 객체는 이런 '경험들'을 포함하기에 그 고유의 가치와 중요성을 가지게 된다.

1970년대 발현했던 포스트모던 세계관은 하나님이 완전한 무로부터 존재를 발생시켰다는 세계 창조 신앙을 부정하고, 혼돈과 무질서 속에 존재하는 활력 있는 사건들에게 질서를 부여함으로 창조된 것으로 이해했다. 그러나 과정신학 속 하나님은 자연 과정의 안에서 강압적인 주권자로 군림하지 않으며 동시에 시계탑 주인의 관망하는 역할에 만족하지 않는다. 신은 일방적인 창조자가 아니라 피조 세계 스스로가 창조하도록 그

---

131 데이빗 그리핀, 『포스트모던 하나님 포스트모던 기독교』, 78.

들 속에 중요성의 새로운 느낌을 스며들게 하는 방식의 설득을 행하는 선한 존재이다. 이러한 하나님의 격려는 자연 과정에 역행하는 것이 아니라, 자연 과정에 있어 하나의 필수적인 부분이다. 이 세계의 모든 피조물은 하나님의 목적과 상반되는 행동을 할 수 있는 어느 정도의 의지와 힘을 가지고 있음으로 거대한 악의 실재는 하나님의 선하심에 모순되지 않는 것이다.[132]

과정신학은 사물의 본성 안에서 인간적 특성들을 다시 궁극적인 것으로 바라보며, 인간의 인격적 특성을 태고적부터 우리 안에 주어진 하나님의 형상으로 고려한다. 현실의 진행 과정에서 인간은 하나님과 더불어 창조자로서의 자격을 부여받았다. 인간의 결정과 선책은 우주가 전개되는 과정과 성장의 잠재력에 영향을 미친다. 물론 인간은 유한하고 한계를 지닌 존재이다. 인간은 제한된 지식과 이해력, 특정 범주를 벗어나지 못하는 힘 등 선천적인 한계를 지닌 존재이다. 또한 인간은 고통의 영역에서 온전히 자유로울 수 없다. 과정신학은 특별히 신정론을 통해 신과 인간의 의미를 논한다. 고통과 악은 인간 존재의 일부이지만, 그것은 하나님의 의도로 말미암은 것이 아니라 진화하는 우주의 본성으로 말미암은 것이다. 그러나 고통은 인간의 성장과 공감, 세상에 긍정적으로 기여하는 기회를 경험하게 해 주는 순작용도 있다. 인간은 끊임없이 새로운 통찰과 경험 속에서 진리를 탐구하고 세계에 적응해 나가야 한다. 그 안에서 인간은 도덕적 의사결정과 윤리적 행위를 통해 개인과 공동체의 성장에 기여하는 선택을 해야 한다. 우주와 하나님, 인간의 연결성 안에서 선을 추구하는 것이 우리 안에 있는 하나님의 형상을 온전히 발휘하는 길이다.

---

132 데이빗 그리핀, 『포스트모던 하나님 포스트모던 기독교』, 81.

신적 일자(the Divine One)이신 하나님은 이 세계와 함께 아름다움을 창조하는 활동을 행하신다. 아름다움은 세상 가운데 일어나는 모든 일을 지켜보는 신적 존재가 창조하고자 애쓰는 그것이다. 이러한 아름다움은 지적인 적절성과 도덕적이며 종교적인 아름다움이고 우리의 삶 자체의 아름다움을 가장 중요한 것으로 여긴다. 화이트헤드는 진리와 아름다움, 선이 "우주의 신적 사랑에게 최종적인 만족"[133]을 제공한다고 말한다. 우리가 심적으로 행하는 행위마저도, 우리가 우주를 사유화함으로 신에게 알려지는 일이다. 인간은 영원한 신의 삶을 위해 아름다움에 동참함으로 삶의 궁극적인 중요성을 깨닫는다.

현대인들에게는 내세적 삶에 존재하며 실재하는 영혼이 육체와 구별될 수 있다는 이분법적 논의를 긍정적으로 논의할 수 있다. 우리는 유사죽음의 경험들에 대한 연구로 인해 사후의 삶에 대한 새로운 생각들을 형성할 수 있게 되었다. 과거 인간의 사후적 삶에 대한 이해는 일방적으로 신에 의해 선택되어졌지만, 포스트모던 세계관은 사후의 삶이 부분적으로 우리들에 의해 결정되는 것으로 이해하게 될 여지를 남긴다. 그러나 이러한 인간의 영혼이 존재함이 다른 피조물과 절대적인 차별을 의미하는 것은 아니며, 그것이 진화의 과정으로 인해 인간 영혼의 발생으로 이어졌는지의 여부에 대해서는 깊은 논의가 이루어지는 중이다. 다만 인간의 지속적인 삶이 확정된다면 인간 존재의 중요성은 더욱 강화되어 진다. 이러한 지속적 삶에 대한 긍정은 동료 인간들의 삶의 중요성에 대해 재고할 수 있는 새로운 감각을 제공할 수 있다.[134]

133 데이빗 그리핀, 『포스트모던 하나님 포스트모던 기독교』, 82.

134 이경석, 『탈근대주의 시대의 인간론』, (2016년, 감리교신학대학교), 41.

우리가 전 포괄적인 우주적 사랑의 나라에 참여할 때, 이 여정의 동반자로서 동료 인간들을 생각해 나감으로 우리는 타인을 사랑하고 타자의 가치를 수단으로 격하시키지 못하게 된다. 과정신학은 인간의 잠재성을 충분히 성취하여 나가며 더욱 완전하게 하나님의 형상을 깨닫게 하는 더 좋은 방법을 상상하고 표현해 나가는 일이다. 인간은 우주의 신적 일자에게 철저한 설득을 받으며, 다른 피조물에 비해 설득하고 설득당하는 우리의 능력이 구별된다.[135] 하나님의 사랑에 대한 이러한 개방성은 타자들의 느낌에 대해서 민감하게 응답하도록 한다. 인간의 영적인 자아는 하나님의 창조적인 사랑에 자신을 개방하면서 스스로의 실존을 위한 새로운 가능성을 수용한다. 우리는 하나님의 응답적인 사랑을 개방적으로 수용함으로 몰두된 자아의 상태에서 해방되며, 타자를 향한 사람과 관심의 방향으로 돌아설 수 있다. 우리 안에 있는 하나님의 형상을 지닌 인간의 독특한 실존 양태는 영적인 실존들이 서로 교제함으로 타자들과의 관계성이다.[136]

---

135 데이빗 그리핀, 『포스트모던 하나님 포스트모던 기독교』, 84-85.

136 존 B.캅 Jr, 데이빗 그리핀, 『캅과 그리핀의 과정신학』, 145-146.

V.

본연적인 하나님의
형상은 무엇일까?

15. 보시기에 좋았더라

앞서 우리는 기독교 신앙 안에서 하나님의 형상에 대한 이해가 역사적 정황성 속에서 어떻게 발전해 왔는지를 논의하였다. 우리는 초대교회로 부터 현대 사상에 이르기까지 광범위한 하나님의 형상을 지닌 인간의 의 미에 대해 다루어 왔다. 그러나 1장에서 언급했듯이 우리가 기독교적 인 간학을 현대인들에게 잘 전하기 위해서는 기독교 본연의 가르침을 주목 할 필요가 있다. 오늘날을 살아가는 현대인들이 기독교에 대해 가지는 관 심은 과학적이고 실증적인 정의가 아니라, 기독교 신앙만의 독특하고 본 연적인 특성이다.[137] 즉 기독교 신학이 말하는 인간의 본질적 의미를 우리 는 대중의 가슴 높이로 설명할 수 있어야 한다. 이를 위해 우리는 살아 계 신 하나님을 향한 신앙을 전제로 그들에게 기독교 신학의 정수에 대해 변 증해 나갈 필요가 있다.

유한한 인간이 무한한 하나님을 논하기 위해서는 그분의 드러내심에 의존하여 사유할 수밖에 없다. 따라서 기독교 신앙은 계시에서 출발한다. 그러나 우리는 하나님의 계시에 대해 부분적인 경험과 지성으로 밖에 이 해할 수밖에 없으며, 그런 까닭에 우리는 이미 주어진 하나님의 말씀인 성 경과 그에 대한 전통적 해석에 의존적일 수밖에 없다. 그런데 성경은 어

---

137 이문균, 『포스트모더니즘과 기독교 신학』, 283.

떤 체계적인 이론서라기보다 하나님의 계시와 그에 대한 공동체, 혹은 개인의 경험, 반응, 더 나아가 하나님의 구원 사건과 최후 심판의 예언을 다루고 있다. 따라서 이런 성경에 대한 신뢰로 발전하는 기독교 신학은 교의학적인 주제의 분류와 연구가 신학 자체가 지니는 통전성을 중심으로 고려되어야 하는 학문이다. 기독교 신학은 성경 본문과 정황, 시대적 상황의 상관관계를 통한 해석 속에서 발전한다.[138] 그렇기에 우리가 기독교 신학 속에서 인간을 논할 때, 우리는 다른 교의적 가르침과 분리하여 인간에 대한 논의만을 추구해 나갈 수는 없다. 기독교적 인간론을 위해서는 기독교 세계관적인 전이해가 요구된다.

성경은 하나님과 인간을 필수 불가결한 상관관계 속에 있는 존재로 인식한다.[139] 따라서 우리가 기독교적 인간학을 다루기 위해서는 필연적으로 하나님의 창조 사역 안에서의 인간의 기원을 다시 돌아보지 않을 수 없다. 인간은 어디로부터 와서 어떠한 목적성을 지니고 탄생했는가? 성경은 이 피조 세계 안에서 인간의 지위에 대해 어떻게 묘사하고 있는가? 우리는 이 질문에 대한 답을 찾기 위해 창조 사건에 대한 성경적 진술을 주목해야만 한다.

성경의 진술에 따르면 모든 피조 세계가 하나님의 선한 목적성에 의해 창조되었다. 창세기 1장에서의 세상의 기원은 하나님의 말씀과 그에 대한 반응으로 '보시기에 좋았더라'는 대구법을 통해 반복적으로 선한 창조의 사역을 진술하고 있다. 특별히 창조의 여섯째 날, 하나님은 창조 사역의 하이라이트로서 '하나님의 형상을 지닌 존재'인 인간을 창조하신다. "우리

---

138 최흥석, 『인간론』, 22.

139 김균진, 『기독교신학 2』, 208.

가 사람을 만들자"(창1:26), "하나님이 자기 형상 곧 하나님의 형상대로 창조하시되 남자와 여자를 창조하시고"(창1:27)라고 기록된 성경적 본문은 인간이 다른 피조물과는 구별된 존재임을 강조한다. 이 본문은 인간의 본질에 대해 다루는 중요한 기록이다. 인간은 하나님의 결심을 통해, 그분의 형상대로 지음 받은 존재이다. 하나님의 결심이 수반되었다는 것은 어떠한 목적성하에 창조된 존재라는 뜻을 담지한다. 즉 인간은 하나님의 결심과 목적성을 담지한 영광의 면류관으로서 하나님의 형상을 부여받은 존재로서 창조된 것이다. 하나님의 형상을 부여받았다는 것은 하나님의 신적 실재가 우리 안에 주어졌다는 것인데, 이러한 본질적 특징은 더 나아가 인간의 목적성에 대한 구체적인 진술로 발전한다.[140]

하나님은 인간을 지은 후 "땅에 충만하라, 땅을 정복하라, 바다의 물고기와 하늘의 새와 땅에 움직이는 모든 생물을 다스리라"(창1:28)라는 명령을 부여하였다. 한때 이 본문은 하나님의 형상에 대한 진술과 병행하여 드러난 까닭에 일부 신학자들에게 있어 하나님의 형상 자체로 받아들여지기도 하였다.[141] 즉, 정복과 지배가 만물의 영장으로서 인간에게 주어진 하나님의 형상이라는 것이다. 그리고 이러한 해석을 지지하는 이들로 인해 기독교 신학은 자연에 대한 무모한 착취와 왜곡된 가부장제를 정당화하는 불의의 도구로 사용되었다.

그러나 이러한 하나님의 명령은 하나님의 형상을 지닌 하나님의 대리자로서의 행동 방식이지, 하나님의 형상 자체로서의 지위를 나타내는 것은 아니다. 이와 관련하여 존 웨슬리는 하나님의 형상의 한 방법인 정치적

---

140 이경석 『탈근대주의 시대의 인간론』, (2016년, 감리교신학대학교), 43.

141 다니엘 밀리오리, 『기독교조직신학 개론』, 244.

형상의 개념을 통해 설명하였다. 웨슬리안 신학자 테오도르 런년은 왜곡된 정치적 형상은 힘의 지배와 원리이며, 참된 정치적 형상은 돌봄의 영역에 있음을 시사한다.[142] 웨슬리는 기독교적인 청지기 사상을 기반으로 정치적 형상의 의미를 논하고 있다. 웨슬리의 설교문인 「선한 청지기」에서는 이 세상에 주어진 모든 것들이 하나님의 소유이며, 우리는 하나님께 영혼, 육체, 재산 등을 위탁받았음을 강조한다.[143] 그에 따르면 인간은 자기 주체성으로의 권력 의지를 추구하는 존재가 아니라, 하나님의 피조 세계와 더불어 교제하며 나눔을 행하는 존재이다. 18세기에 이미 오늘날 있을 자연계에 대한 인간의 횡포를 예견하듯, 그는 인간이 본연적으로 가져야 할 자연계와의 관계에 대해 가장 발전적인 방향을 교훈했던 것이다.

웨슬리의 청지기 사상은 우리가 자연계의 주인이 아니라 언젠가 다시 오실 주인 앞에 계수하는 마지막 때를 준비하는 존재임을 상기시킨다. 그의 청지기적 인간 존재는 그의 신학적 논의에 그치는 것이 아니라 그의 삶 전반을 이끄는 활동력 있는 정체성이었다.[144] 물론 청지기적 사명은 웨슬리안 이전부터 존재해 온 기독교 사상이었지만, 웨슬리는 청지기적 사명을 하나님의 형상을 이해하는 한 방법으로서 성경적 진술 안에서 인간의 본질과 실존에 대한 연관성을 발전시키는 탁월한 결과를 도출했다. 그의 이러한 고찰은 시대적 정황을 극복하는 탁월한 신학적 감각을 보여 준다.

---

142 런년, 『새로운 창조』, 20.

143 존 웨슬리, "선한청지기", 『웨슬리 설교전집 3』, 조종남 외 공역 (서울: 대한기독교서회, 2006), 302-303.

144 김진두, 『존웨슬리의 생애』 (서울: KMC, 2014), 328-333, 399. 존 웨슬리는 평생 자신의 수익을 가난한 자들에게 나누었고 그것이 천국 은행에 저축하는 것이라는 믿음으로 살았다. 그의 임종 시에는 6명의 인부들에게 남겨줄 수고비 6파운드와 성의, 수저 한 개만을 남기고 세상을 떠났다.

존 웨슬리가 이처럼 하나님의 형상에 대한 정치적 측면을 논의했던 것은 당시의 정황성과 깊은 연관성을 지니고 있다. 웨슬리 당시의 18세기는 낙관론적 사조와 산업혁명의 폐해로 인해, 하나님의 형상을 자연에 대한 지배적 관점이나 자유의 영역으로 환원하는 자연주의적 사상과 이신론이 팽배하였다. 이런 정황성 속에서 웨슬리의 수고는 그들의 사상을 직접적으로 견제함으로 정통 신앙을 수호하고, 피조 세계와 인간의 바른 관계 형성에 기여하고자 하는 의도를 읽을 수 있다.[145] 웨슬리의 견해는 오늘날에 있어서도 성경적 진술에서의 피조 세계 가운데 인간의 지위를 훼손시키지는 않는다. 오히려 창조 세계 가운데서의 청지기로서의 인간의 지위는 하나님과 인간의 특별한 관계성에 대해 조명하고 앞으로 인류와 다른 피조 세계의 바른 관계적 방향성을 제안할 수 있는 초석을 만들어 준다.

성경은 최초의 인간인 아담의 기원과 정체에 대해 다음과 같이 설명하고 있다. "여호와 하나님이 땅의 흙으로 사람을 지으시고…"(창2:7). 여기서 하나님이 인간을 창조하는 장면 가운데 인상적인 것은 하나님께서 인간을 땅의 흙, 즉 당신의 피조 세계의 구성물 중 하나를 통해 창조하셨다는 사실이다. 우리가 땅의 흙으로 지어졌다는 것은 인간이 땅에 속해 있는 존재이고, 땅에서 살아가며, 하나님을 떠나서는 땅으로 돌아가야만 하는 존재임을 함축하고 있다. 이것은 인간 존재의 유한성을 나타냄과 동시에 땅과 인간의 연대 의식을 암시하는 부분이다. 창세 시대의 풍족한 복된 상태였을 때에도 하나님은 아담에게 땅을 경작하는 노동을 부과시켰으며(창2:15), 인간이 범죄한 대가를 치를 때에도 땅에게 가시덤불과 엉겅퀴를 내는 역할을 부과하셨다(창3:18). 애초 피조 세계 때부터 인간은 땅을 경

---

145 런년, 『새로운 창조』, 282-292.

작함의 노동 안에서 누림의 원복을 부여받은 존재였지, 자연의 주권자나 지배자로서의 권한을 가진 적은 없다. 인간은 땅과 연대적으로 더불어 살아가는 존재이다.

그럼에도 인간이 피조 세계와 구별되는 특별한 권한은 하나님께서 "생기를 그 코에 불어넣으신 존재"(창2:7)가 됨으로 인함이다. 흙으로 빚어진 아담의 몸 안에 하나님으로부터 직접적으로 생기를 부여받는다. 성경에서 드러난 하나님의 창조 사역 속에서 하나님의 생기를 통해 생령이 된 존재는 인간이 유일하다. 다른 피조물들이 하나님 말씀의 권능에 의해 존재와 생명을 얻은 데 반해, 인간은 하나님의 흙을 다듬는 장인 정신과 숨을 불어넣는 은혜로 인해 생령이 되었다.[146] 이러한 성경적 증언은 인간이 창조 사역 안에서 다른 피조물과 구별된 특별한 지위를 지니고 있음을 보여 준다. 에밀 브루너는 인간이 하나님의 형상을 지니고 있음은 인간의 독특한 고유성과 기품을 나타내는 것이라 말한다. 참인간성은 하나님이 인간에게 말씀하실 수 있고, 인간이 그에 대답할 수 있으며, 또한 대답해야 하는 책임성 가운데서 찾을 수 있다. 이것은 성경에 기술된 하나님의 형상이 인간 자체에 대한 진술에 머무는 것이 아니라, 창조 사건과 관련하여 인간 창조의 목적에 관한 진술로 인간의 품격에 대한 논의가 수반되기 때문이다.[147]

하나님은 태초의 인간인 아담이 혼자 있는 것이 좋지 아니함을 지적하신다. 그리고 그를 위해 그의 돕는 배필인 여자를 창조하신다(창2:18). 여자의 창조는 흙으로 빚는 장인의 수고 대신 아담의 갈비뼈에서 분리되어, 또 다른 인간의 탄생으로 이루어진다. 이는 인간이 스스로에게만 집중하

---

146 고든 루이스&브루스 데머리스트, 『통합신학 II』, 45-48.

147 에밀 브루너, 『신학입문』, 이원규 옮김 (서울: 백합출판사, 1973), 82-83.

는 이기적 존재가 아니라, 서로를 돕는 존재로서 서로 한 존재 안에서 분리됨을 통해 다른 인격의 존재로 창조되었음을 보여 준다. 즉 남성과 여성은 서로 대립하고 분리되는 존재가 아니라, 서로의 다름 가운데서 화합과 하나 됨을 추구해야 하는 존재인 것이다. 남성과 여성은 항상 서로를 의식하고 서로에 대한 존중과 사랑을 통해서 하나님을 향한 공동체적 운명을 부여받은 존재이다.[148]

생명을 잉태하는 존재로 지음 받은 여성은 땅의 충만함에 대한 하나님의 지상명령을 수행함에 있어 지대한 지분을 가지고 있다. 하나님의 명령인 자손의 번영과 땅 가운데 충만함을 이루기 위해 남자와 여자는 화합하여 서로에게 돕는 자로서 함께한다. 인간은 다른 생물과 같이 몰아성(沒我性)에 함몰하는 존재가 아니라 타자와의 관계성 가운데서 자신의 존재를 확인하고 반성하며, 타자와의 화합을 통해 하나님이 보시기에 좋은 것을 추구해 갈 수 있는 존재이다. 그러한 관계성의 최소 단위로서 남자와 여자는 가정을 이루고 존경과 사랑을 통해 하나님이 원하시는 지향점을 이루어 간다.

하나님은 당신의 피조 세계에 대한 지배권을 홀로 독식하지 않으시고, 아담을 통해 피조물과의 교감함으로 그들의 이름을 직접 짓도록 권면하신다(창2:19). 아담과 다른 피조 세계의 이러한 교감의 장면은 인간이 하나님으로부터 피조 세계에 대한 관리와 돌봄을 위임받은 청지기임을 부각시킨다. 따라서 창조 세계 가운데의 인간의 지위는 하나님의 대리자인 청지기이며, 자연과 타 피조 세계와의 교감을 이루어 가는 존재이다.[149] 비록

---

148 다니엘 밀리오리, 『기독교조직신학개론』, 254.

149 런년, 『새로운 창조』, 284.

죄인 된 인간의 타락으로 인해 땅이 배출하는 어려움들을 마주해야 하지만, 그럼에도 인간의 본질은 땅의 흙으로 몸을 부여받고, 하나님의 영으로 생명을 부여받은 특이한 위치 가운데 존재한다. 즉 인간의 존재는 하나님과 피조 세계의 중간 고리와 같은 위치에 놓여 있다. 그것이 바로 인간이 하나님과 피조 세계와 타자 가운데 열려 있는 존재임을 보여 주는 것이다.

누구도 성경을 통해 하나님의 모든 것을 다 이해할 수는 없다. 그분의 무한하심은 불가지론적인 영역에 가려진 부분이 있다. 그럼에도 우리가 성경을 신뢰하고 다루는 것은 그 성경이 고백하는 하나님의 성품과 그분의 구원 사역을 다루고 있기 때문이다. 인간에게 있어 가장 본질적인 간절함과 종교성의 발현점은 존재 구원에 대한 열망에 있다. 성경은 그 구원의 의미를 하나님의 아들 예수 그리스도를 통해 충분하게 설명하고 있다. 따라서 우리는 기독교적 인간학을 논하기 위해 성경이 가지고 있는 기독론과 구원론의 풍성한 의미를 이해할 필요가 있다. 이를 위해 우리는 기독교 신앙의 풍성함 속에서 인간학적 의미를 발전시켜 보고자 한다.

16. 영혼이 곧 하나님의 형상이라고?

성경은 우리가 하나님의 형상을 지닌 존재로서 인간의 참다운 실재성을 발견해 나가길 원한다. 기독교 신학이 요구하는 인간의 참다운 실재성은, 인간만이 가지는 특별한 요소에만 의존하는 것이 아니라, 인격이라는 전체성에 기초하는 것이다.[150] 즉 인간이 생각하는 능력이나 판단하는 능력, 어떤 것을 선택할 수 있는 의지의 자유 등을 가지고 있다는 것은, 인간만의 특별한 요소를 논하는 것이 아니라 인격적 존재인 인간에 대해 논하는 것이다. 그러나 이러한 인격적 존재가 가지는 한 특질에 대해 주목할 필요가 있다. 그것은 우리 인간이 영적 존재라는 사실이다.

성경에서 예수는 하나님의 존재를 영이라 말한다. 따라서 하나님을 예배하는 자도 마찬가지로 영과 진리로 예배해야 한다고 고백한다. 이 말인즉 인간은 영으로서 하나님을 예배할 수 있는 존재라는 의미가 담겨 있다. 그렇다면 창조 기사 속에서도 인간에게는 영적인 영역이 존재하는가? 우리는 인간이 땅의 흙으로 육체를 지음 받고, 성령으로 생명을 부여받은 특별한 존재임을 알고 있다. 이것은 인간의 존재가 자연주의적인 입장에서만 바라볼 수 없고, 그렇다고 물질적 요소와 세상의 실존을 무시할 수도

---

150 한수환, 『영적 존재에로의 인간학』, 183.

없는 존재임을 의미한다.[151] 땅으로부터 육은 입고 하나님의 영으로부터 생령이 된 존재, 그것이 곧 성경이 말하는 인간이다.

인간의 본질적 구성에 대한 논의는 이미 오래전부터 다루어져 온 주제이다. 초반에도 다루었듯이 개혁주의자들 속에서도 인간의 구조를 영-육-혼의 삼분법적 구성과 영혼-육의 이분법적 구성의 견해가 대립하여 왔다. 20세기 초 개혁주의 신학을 가장 잘 체계화 한 사상가 중 한 명인 루이스 벌코프는 인간의 물질적 구성을 제외한 나머지 부분을 '영적 실체'로 정의한다. 그에게 있어 혼과 영은 영적 실체에 대한 동일한 표현이다. 성경에서 죽은 이를 소개할 때 비물질적인 요소를 계시록에서 혼으로(계9:6, 20:4), 다른 곳에서는 영으로(히12:23; 벧전3:19)만 다루어진다. 이것은 혼과 영이 동일하기 때문에 군이 분리해서 설명하지 않는 것이다. 그는 삼분설이 헬라 철학의 영향을 받은 것으로 바울이 데살로니가전서 5장 23절에서 언급한 '혼과 영과 육'은 인간의 전인성을 표현하는 과정에 지나지 않는다고 주장한다.[152] 3분설을 지지하는 기독교 사상가들은 물질적인 구성을 육체로, 그리고 인간의 의지나 생각 등의 영역을 혼으로, 그리고 하나님과 교제를 행하는 영역을 영으로 이해하였다. 요한복음에 의하면, 인간의 구성요건 중에서도 가장 중심이 되는 것은 영이다(요6:63). 요한신학의 인간관은 육의 것과 영의 것으로 분리되어지는 이분법적 구성을 가지고 있다. 한때 기독교 사상가들 중에는 이런 요한의 고백을 영지주의적 이원론의 영향을 받았다고 오해한 이들도 있었다. 그러나 고대 근동에는 영이 육이나 혼에 비해 가치적으로 우위에 있다는 생각이 존재했고, 기독교 역사

---

151 이경석, 『탈근대주의 시대의 인간론』, 46.

152 루이스 벌코프, 『기독교 신학개론』, 131-133.

가 형성되는 초반에도 이러한 영향을 받은 사상가들이 존재했다. 물론 요한복음이 말하는 육의 것과 영의 것, 이 이원론적 논의는 인간의 구성 요소를 논하는 것이 아니라 신앙과 세속적 가치관 사이의 우선순위를 신자들에게 교훈하는 것이다.

비록 오늘날 기독교 신앙은 인간을 인격적인 전인으로 보는 경향이 강하지만, 그 가운에서도 우리는 인간이 영적 존재라는 사실을 기억할 필요가 있다. 현대 사상은 인간의 영적 특징을 심리적 영역으로 혹은 두뇌의 활동 영역으로 축소하고자 하는 노력이 존재한다. 그러나 현대인 중 여전히 많은 이들은 인간은 영적인 존재라는 데 동의한다. 다만 그 영의 존재를 형이상학적 초월의 개념으로 이해할지, 육체적 특성에 매인 자연적 영역으로 이해할지 혹은 새로운 영역으로 수용할지 등 해석의 문제가 남아 있을 뿐이다. 분명한 것은 인간에게 있는 영의 영역은 하나님께 온전한 예배를 드리기 위해 중요한 것이다.

17세기 영국 성도들의 신앙을 위해 제공된 웨스트민스터 소요리 문답의 첫 질문은 인간의 제일 처음 되는 목적이 무엇인지에 대해 묻는 것이다. 그리고 그 답은 하나님께 영광을 돌리고 그를 영원토록 즐거워하는 것이다. 곧 온전한 예배자의 삶을 누리라는 것이다. 그런데 예배는 곧 하나님께 영광을 돌리며 그분의 은총에 인간이 응답하는 행위이지 않은가? 그리고 예수님은 그 예배의 온전함은 영과 진리 가운데 이루어진다 하시지 않았는가? 그런 의미에서 인간의 영적인 특질은 곧 그 존재의 처음 되는 목적을 이루기 위해 중요한 역할을 한다.

특별히 하나님의 형상은 인간의 영과 밀접한 연관성을 지니고 있다. 인간이 지닌 영이야말로 인간을 다른 피조 세계와 구별할 수 있는 특질 중의 특질로 받아들인 것이다. 반대로 현대 철학적 인간 이해는 인간의 육체적 요소에 더 큰 비중을 둔다. 그들은 자연주의 사상을 기반으로 인간이 자연 세계 안에서 가지는 지위에 집중한다. 따라서 그들에게 중요한 것은 본질로서의 인간의 구성보다 실존적인 영역에서의 인간이다.[153] 오늘날 교의학적 인간론도 인간의 영-육-혼은 각기 구별되는 무관한 요소로 존재하는 것이 아니라 서로 필연적이면서 동시에 인격적인 불가분의 관계로 구성되어 있음을 강조한다. 앞서 언급한 히브리 사관이 전인적으로 인간을 이해하는 경향을 가지고 있고, 현대 과학-철학적 인간 이해가 기독교 신학에 적극적으로 영향을 끼친 결과라 할 수 있다. 물론 인격적인 존재인 인간을 설명할 때 이 세 가지 요소를 분리하여 설명할 수 없다. 즉, 인간을 논함에 있어 단지 영적인 존재나 혼적인 존재, 혹은 육적인 존재로 분리하여 논의할 수 없다는 사실이다. 영-육-혼은 전체적이고 동시에 인격적으로 결합됨으로 하나의 '살아 있는 사람'이 될 때 비로소 인간은 하나의 인격적 존재이며 전인적인 존재로서의 인간을 논의할 수 있다.

개혁주의 신학자들 중에는 인간이 스스로 살아가는 힘의 원동력을 지닌 존재가 아니라 하나님의 영인 '루아흐', 혹은 '프뉴마'로 인해 살아가는 존재임을 강조하는 흐름이 있다. 인간은 오직 하나님을 통해서만 살아 있는 존재로 지음을 받았다. 따라서 인간은 하나님의 영에 의존하여 삶을 영위하는 존재이다. 그런 의미에서 인간이 지니는 영의 의미는 엄밀히 인간적 가치 중 가장 중요한 위치를 차지한다 말할 수 있다. 학자에 따라서는 하나님의 영을 어떤 물질을 창조하는 인격을 논한다기보다는 존재자의 생의 의미를 창조하는 창조적 존재를 강조하는 것으로 본다. 하나님의 영

---

153 다니엘 밀리오리, 『기독교 조직신학 개론』, 247.

을 창조주로서 모든 자연적인 것과 정신적인 것들의 운동의 근원으로 보는 것이다.[154] 그러나 성경은 성령이 거룩한 하나님의 영으로서 인격적인 존재임을 저술하고 있다. 그런 의미에서 초대교회는 일찍부터 성령을 제3위격의 하나님으로서 경배의 대상으로 보았다. 기독교 신앙 속에서 인간 존재의 또 다른 독특성 중 하나는 이 성령 하나님이 우리 인간의 삶과 존재에 깊이 관여한다는 것이다.

존 웨슬리는 인간이 지닌 하나님의 형상에 대해 설명할 때, 방법론에 따라 자연적 형상, 정치적 형상, 도덕적 형상으로 설명하는데, 그중에서도 개혁주의적 관점과 비교하여 우리가 고찰하고자 하는 부분은 도덕적 형상에 대한 논의이다. 웨슬리안 신학자인 테오도르 런년은 웨슬리의 도덕적 형상이 인간 안에 내재되어 소유된 고유의 것이 아닌, 하나님과의 관계 속에서 세상을 살아가는 관계적 개념으로 소개한다. 특히, 도덕적 형상은 존재의 근원이신 하나님과의 관계성 안에서 하나님의 사랑을 세상을 향해 반영할 때에만 비로소 회복된다. 도덕적 형상이 회복된 인간은 참된 삶을 살아가는 인간의 존재가 된다.[155] 즉 인간은 하나님과 오늘의 관계성 안에서 살아 숨 쉬는 존재이다. 존 웨슬리는 자신의 설교문 속에서 사랑이신 하나님의 창조 역사 속에서 인간 역시 사랑으로 충만했음을 강조한다. 하나님의 영을 통해 생명을 부여받은 인간 역시 하나님의 형상을 부여받은 존재로서 사랑의 원리를 따라서만 행동하는 존재였다.[156] 따라서 도덕적 형상을 회복하게 하시는 하나님의 영은 사랑이시며, 사랑은 인격을 내포

---

154 한수환, 『영적 존재에로의 인간학』, 183-184.

155 런년, 『새로운 창조』, 김고광 옮김 (서울: KMC, 2008), 15-16.

156 존 웨슬리, "신생", 『웨슬리설교전집 3』, 187-188.

하는 존재임을 의미한다. 즉 성령은 사랑의 인격이시다.

성령과 인간의 운명은 이러한 관계성 안에서 설명된다. 사실 웨슬리의 도덕적 형상은 인간의 영의 개념과 상충하는 부분이 많다. 존 웨슬리는 하나님의 형상을 하나님과의 관계적인 측면에서 하나님의 소명에 반응하는 인간의 특질로서 이해하고 있다.[157] 인간의 근원이 되는 '루아흐', 곧 인간의 영 또한 이러한 하나님과의 관계성 안에서 인간의 인간됨을 나타내는 개념이다. 하나님과 온전한 관계 안에 있는 인간은 영적으로 살아 있는 존재이고, 하나님과의 관계가 파괴되어 하나님을 떠난 자는 마귀의 자녀로서 영적으로 죽은 자이다. 그것은 최후 심판의 개념과 연관된다. 그리스도 예수의 은혜를 떠난 자는 영원한 멸망을 피할 수 없으나, 그리스도 안에서 하나님과의 관계가 회복된 자는 이미 영생복락을 확정한 존재이다. 그런 의미에서 영적 존재인 인간은 하나님의 관계 안에서 그 존재적 신적 특질의 복됨을 누릴 수 있다.

그런 의미에서 존 웨슬리의 신학 안에서 하나님의 형상론은 개혁주의 자들의 견해와 마찬가지로 인간의 영적 특질과 깊은 연관성을 지니고 있다. 다만 그 영적 특질의 의미가 보다 심화되어 하나님과의 관계성 회복에 대해 개혁주의자들보다 긍정적인 변화를 소망한다.[158] 하나님의 형상은 어떤 형이상학적인 사유에 의해 설명되는 영역이 아니라 하나님의 말씀에 의해 이해되어야 하는 부분이다. 여기서 하나님의 말씀이라 함은 인

---

157 런년, 『새로운 창조』, 16.

158 존 웨슬리, "성경적 구원의 길", 『웨슬리설교전집 3』, 조종남, 김홍기, 임승남 외 공역 (서울: 대한 기독교서회, 2006), 148-150. 루터가 타락한 죄인이 우리의 밖에서 역사하시는 하나님의 은혜로 칭의와 성화의 과정을 누린다고 진술한 것에 비해 웨슬리는 우리 안에서 성령으로 거듭나서 완전한 사랑으로 나아가는 성화적 삶을 보다 낙관적으로 긍정하고 있다.

간의 언어를 뜻하는 것이 아니라 하나님 자신이 가지고 계신 관계를 의미하는 것이다. 이 관계 역시 실증적인 영역은 아니다. 이것은 "우리가 창조주를 하나님이라 부를 때, 우리 안에 생기는 창조주와의 영적 관계라는 카테고리에서 이해되는 것"[159]이다. 그러나 인간은 하나님을 배신함으로 인해 타락하였고, 하나님과의 관계를 깨어졌으며, 이로 인해 하나님의 형상은 부패하였다. 하나님과의 관계성이 깨어진 채, 인간 안에 실재하는 하나님의 형상은 알맹이가 없는 껍데기와 같이 아무런 의미가 없다. 우리 안에 있는 하나님의 형상은 오직 하나님의 은혜를 통해서만 회복될 수 있다. 즉 예수 그리스도의 속죄의 사역을 통해 우리가 하나님과의 화해자가 되고, 하나님의 말씀이 채워질 때 비로소 참된 하나님의 형상이 우리 안에 작동할 수 있게 되는 것이다.

존 웨슬리는 이와 같은 인간의 실존적인 변화를 신생으로 이해했다. 신앙 안에서 성령과 신비한 연합을 통해 하나님의 형상, 곧 도덕적 형상이 회복되는 것은 곧 새로운 피조물로 창조되는 거듭남의 의미, 곧 신생의 신비와 연결된다. 신생은 인간이 그리스도를 통해 회개함과 믿음으로 하나님께 나아갈 때, 그 믿음으로 말미암아 성령의 역사하심으로 우리 안에 일어나는 우리의 내적 변화이다. 신생은 하나님의 형상이 회복되는 과정이며, 곧 성화의 과정으로 나아가는 새로운 피조물로서의 실존이다(고후5:17). 그럼에도 웨슬리 사상 속에서 구원의 여정을 걷는 인간은 형이상학적인 차원의 변화가 아니라 실존적인 차원의 변화를 이룬다. 인간은 도상 위의 존재이다. 그러나 인생 속에서 인간은 성령의 주관하심을 통해 구원의 확신을 가지게 되고 그 내면에는 성령의 열매, 곧 그리스도의 성품을

---

159 한수환, 『영적 존재에로의 인간학』, 189.

닮아 가는 여정을 걷게 된다. 성령의 인도하심을 따라 하나님의 선한 일을 사모하게 되고 하나님을 향한 온전한 사랑이 회복되는 과정, 곧 거룩함을 회복하는 구별된 인간의 모습으로 나아갈 수 있다. 그런 의미에서 웨슬리는 그리스도인의 완성으로 온전하게 하나님의 형상이 회복되는, 참인간의 단계를 소망하였다.

17. 영성가들이 생각하는 하나님의 형상

    역사적으로 기독교 신앙 안에서, 인간이 지닌 하나님의 형상을 영적 특징과 관련하여 적극적으로 해석하려는 노력들이 존재했다. 특별히 영성주의 신학자들 사이에서는 하나님의 형상 회복을 '하나님과의 합일'에서 찾는 이들이 있었다. 14세기의 중세 영성가인 마이스터 에크하르트는 인간의 존재와 행위에 대해 깊은 관심을 가졌다. 그는 하나님과 피조물인 인간 사이에 절대적인 질적 차이가 있음을 인정하면서도, 한 편에서는 하나님과 피조물이 형이상학적으로 일치할 수 있음에 대해 생각하였다. 다소 아이러니해 보이는 그의 사상 중심에는 기독교 신학의 핵심을 관통하는 심오한 통찰력이 드러난다.

    에크하르트에 따르면 인간은 하나님을 자기 존재의 기반으로 삼을 때 비로소 참된 본연의 삶을 살 수 있다. 따라서 인간이 하나님을 자신의 존재 중심, 삶의 중심으로 모시고 살아가야 한다. 하나님의 형상을 회복한 인간은 '하나님과 완전한 합일'을 이룬 성숙한 인간이다. 인간은 하나님의 은총에 의존하고 있기에 이 놀라운 선물에 감사하며 예수 그리스도의 인격을 닮아 가도록 성숙해져야 한다.[160] 에크하르트는 예수 그리스도를 닮아 가는 과정이 우리가 하나님의 아들들과 같은 존재가 되는 과정이라 생

---

160 레이몬드 B. 블레크니, 『마이스터 에크하르트』, 이민재 엮음 (서울: 다산글방, 1994), 186.

각했다. 피조물인 존재가 하나님의 아들과 같이 나아가기 위해 성숙을 추구하고, 하나님과의 합일을 이루는 행위는 기독교 영성과 깊은 관련을 가지고 있다. 우리가 영성에 대해 말할 때, 영성은 '영'에 대한 이해와 불가분의 관계이며, 동시에 하나님의 실재를 의미하는 말이다. '영'이신 하나님은 그 존재 자체로 시간과 공간, 형상의 제한을 초월하시면서 동시에 현실 속에서 무소부재하시고, 모든 형상 가운데 현존하신다. 이러한 하나님 현존의 핵심 포인트는 예수 그리스도의 초림 사건이며, 이것은 곧 하나님께서 인간의 형상으로 자신을 나타내신 사건이다.[161]

기독교 신앙은 삼위일체 하나님을 믿음의 대상으로 높인다. 그러나 삼위일체의 신비를 인간의 언어로 설명하는 데에는 분명한 한계가 있다. 하나님은 초월적이고 무한하신 존재이시기 때문에 유한한 인간의 사유 안에 담을 수 없는 분이시다. 그러나 우리는 신약성경과 사도들의 증언을 통해 하나님의 영이신 삼위 하나님, 곧 성령 하나님이 우리 가운데 임재해 계심을 알고 있다. 우리는 성령의 은혜를 통해 삼위일체 하나님을 깨닫고, 만나며, 교제한다. 아우구스티누스는 하나님께서 세상을 운영하실 때, 세 위격이신 하나님의 역할은 분리되지 않는다고 보았다. 이 세상을 향한 하나님의 사랑은 세상을 향한 성부와 성자의 활동이며, 삼위일체 하나님의 역사이다. 따라서 성령을 체험하는 것은 곧 성부와 성자에 대한 경험이 되며, 성령을 통해 하나님과의 교제 안으로 들어가는 것이다.[162]

성공회 신학자 존 매쿼리는 인간에게 죄보다 의가 더 본연적인 것으로 보았다. 성경은 인간이 죄를 범하기 전, 이미 하나님의 형상을 가지고 있

---

161 송성진, 『영성과 교회』 (서울: CLC, 2016), 11-12.

162 송성진, 『영성과 교회』, 12.

었다고 진술하지 않는가? 따라서 인간은 하나님의 형상으로서의 잠재 가능성을 보유하고 있고 이로 인해 더 선한 것을 추구하려는 경향이 있다. 매쿼리는 이러한 관점에서 인간의 영성을 긍정한다. 영성 안에는 '개방성'과 '자기 초월성'이 있다. 이것은 영성 안의 개방성은 타인과 사랑의 교제를 위해 스스로의 경계를 풀어 마음의 문을 여는 것이고, 자기 초월성은 사랑의 교제를 통한 스스로 예전의 자신을 넘어서는 것이다. 이를 통해 사랑의 교제 안에 놓이는 것이 곧 영성이다.

영성은 두 가지 측면을 가지고 있다. 하나는 자기 존재와 능력, 경험을 타인에게 순리적으로 내어주어 그에게 좋은 영향을 끼치는 '기여적 개방성'이고, 다른 면은 자기 존재 안에서 다른 사람의 존재와 능력, 경험을 순리적으로 받아들이고, 선한 방식으로 새롭게 자기를 구성하는 '수용적 개방성'이다.[163]

성령은 우리에게 존재됨과 생명, 성화를 베푸신 절대적 존재이시다. 특별히 인간은 하나님의 형상을 따라 지음 받은 영적 존재이지 않은가? 그렇기에 오직 인간에게만 영성의 두 측면인 수용적 개방성과 기여적 개방성이 있다. 인간은 모든 순간에 하나님께로부터 존재와 생명을 부여받았고, 다른 피조물에게 영향을 받으며 살아간다. 동시에 인간은 하나님께 찬양과 경배를 드리고, 피조 세계 속에서 삶의 어떤 것을 나누며 살아간다. 따라서 인간은 다른 피조 세계, 혹은 타인과의 선한 영향력을 주고받는 사랑의 교제 속에서 참된 하나님의 형상을 회복할 수 있다.

인간은 영성을 지닌 존재이며, 삶의 실존 가운데서 영성을 실현해야 하는 존재이다. 인간은 하나님으로부터 창조되었고, 하나님의 계속된 돌보

---

163 송성진, 『영성과 교회』, 13-14.

심으로만 존재한다.[164] 우리 인간은 그 존재의 가장 깊은 곳에서 항상 하나님과 근본적으로 연결되어 있고, 은총 안에서 하나님과 합일되어 있다. 16세기 신비 신학의 거장인 십자가의 성 요한은 "하나님과 모든 인간 사이에는 예외 없이 본질적, 실체적 합일이 있다"라고 말하였다. 이러한 영성적 믿음 가운데에는 계시적인 의미가 담겨 있다. 과정신학자인 슈버트 오그덴은 모든 인간에 대한 하나님의 항시적 계시를 일컬어 '원계시'라 명명하였다. '원계시'는 인간이 하나님과의 사랑의 교제를 통한 합일 없이는 존재할 수 없음을 의미한다. 그러나 인간은 존재적으로나 실체적으로 하나님과 합일의 관계에 있음에도 불구하고, 실존적으로는 하나님께로부터 소외되거나 분리되어 있다. 이것이 죄에 타락한 인간의 상황이다. 그러므로 인간이 참인간됨, 즉 하나님의 형상을 회복한 존재로 나아가고자 한다면, 존재론적 사실의 차원에서뿐만 아니라 실존적 차원에서도 하나님과 합일에 이르는 복된 삶을 실현하고 누려야 한다. 즉 인간의 '실존적 영성'을 실현함을 통해 하나님과의 사랑의 교제를 회복하고, 현실 속에서 그것을 누리는 영성을 가져야 한다.[165]

십자가의 성 요한은 실존적 영성은 곧 그리스도의 합일이라 생각했다. 그는 자신의 저서 『사랑의 산 불꽃』에서 인간의 영혼이 지성과 의지, 기억 이 세 가지 능력을 가지는데, 이 능력이 영적 감각의 굴을 정화되어 통과함으로 실존적 영성을 이룬다고 보았다.[166] 실존적 영성은 삼위일체 하나

---

164 성녀 마리아 막델레나의 가브리엘, 『하나님과의 일치』, 밀양 가르멜 여자수도원 옮김 (서울: 성바오로, 2014), 60.

165 송성진, 『영성과 교회』, 17-19.

166 호안 가렐드, 『십자가의 성 요한의 영성』, 서울가르멜여자수도원 (서울: 가톨릭출판사, 1991), 159-160.

님의 선행적인 은총 안에서, 진리를 제대로 이해하는 '맑은 지성'과 하나님의 뜻을 구하며 그분의 뜻에 순종하고자 하는 깨끗한 의지, 그리고 항상 신실하게 하나님 존재와 은혜, 그분의 뜻을 진심으로 간직하는 기억을 포함한다. 따라서 실존적 영성은 성령의 능력 안에서 예수를 그리스도로 알고 믿으며, 그분의 충성된 지체가 되고, 그 안에 거하며, 그리스도를 통하여 성부 하나님과 합일되어 질 때 이루어지는 것이다. 그런데 인간이 영성의 실존적 실현을 이루어 가기 위해서는 우선적으로 하나님의 선행은 총이 있어야 한다. 그와 더불어 우리에게는 하나님의 은혜를 알고, 그 은혜를 나의 존재 안으로 받아들이는 믿음이 필요하다. 인간은 하나님의 은혜로 인해, 그리스도를 향한 믿음을 통하여 하나님과 합일하게 된다. 이는 기독교 영성이 오직 은총과 믿음 안에서 실현됨을 의미한다. 즉, 영성의 실현은 곧 구원의 충만한 같은 것이다.

은혜 안에서 진실한 믿음을 통해 하나님과 합일된 인간은 하나님의 성품에 참여함으로 하나님을 닮아 가는 자가 된다. 곧 영성의 실현은 우리가 하나님을 닮아 가게 하는 것이다. 고대 교부 아타나시우스는 이러한 합일의 신비를『말씀의 성육신에 대하여』에서 구원론적 개념과 연계하여 다음과 같이 말하였다.

> "하나님의 말씀이 인성을 취하신 것은 우리로 하여금 신이
> 되게 하려 함이다."

감리회의 창시자 존 웨슬리는 이러한 합일의 신비인 '신화 사상'을 '성화' 및 '그리스도인의 완전'의 개념으로 계승하였다. 웨슬리에 의하면 '그

리스도인의 완전'은 하나님을 닮는 것이요, 하나님을 닮음은 곧 '하나님의 사랑이 마음에 충만한 상태'를 의미하는 것으로, 하나님의 형상을 회복하는 것이다.[167] 하나님은 사랑이시다(요일4:8). 따라서 인간이 하나님을 닮는다는 것은 우리 안에 신적 사랑이 충만케 되는 것이며, 그것은 곧 하나님의 형상을 회복해 나가는 과정이다.

하나님의 은혜로 인해 실존적 영성의 실현을 누리는 사람들 사이에는 공통적인 하나의 특성이 생긴다. 그것은 다름이 아닌 '사랑의 교제'이다. 영성의 실현을 체험한 이들은 영-육-혼의 전인적인 차원에서 하나님과 사랑의 교제를 나누게 된다. 아빌라의 데레사는 이것을 기도 생활을 통해 삼위일체 하나님의 내주 은총을 깊이 누림으로, 하나님과 인격적 관계가 심화되어 하나님과의 깊은 사랑을 풍부하게 누릴 수 있음을 강조했다.[168] 따라서 실존적 영성을 누리는 사람들은 하나님을 지극히 사랑하게 되며, 하나님의 뜻에 대해 자신의 전 존재를 바쳐 절대적으로 순종하게 된다. 하나님의 뜻은 만유에 대한 사랑을 향하고 있다. 그러므로 실존적 영성을 누리는 이들의 삶은 이웃을 향한 지극한 사랑 또한 내포하게 된다. 전인적인 차원에서 하나님을 예배하고, 동시에 이웃 사랑을 실천하는 삶을 누리는 것이다.[169]

하나님의 말씀은 성육신 되어 내려오신 그리스도를 통해서 계시되고, 실행되며, 명령된 '사랑'이다. 성령은 우리에게 사랑을 존재와 실천으로 나타내신 예수 그리스도를 증거 한다. 따라서 하나님과 실존적으로 합일

---

167 Theodore Runyon, 『새로운 창조』, 134.

168 예수의 데레사, 『영혼의 성』, 최민순 지음 (서울: 성바오로출판사, 1993), 124-128.

169 송성진, 『영성과 교회』, 29-30.

된 인간 역시 사랑의 특성을 품을 수밖에 없다. 이처럼 성화된 인간은 그리스도와 성령을 통해 우리에게 주어지는 사랑의 진리와 능력을 받아 누린다. 동시에 사랑의 실천을 위해 죽음도 불사하는 영적 존재로 각성되어진다. 우리 인간이 하나님과의 합일이 가능함을 증거 하는 것은 바로 사랑이다. 기독교 영성은 이러한 사랑으로 인간을 초대하는 것이다. 하나님의 형상을 가진 인간은 하나님과 더불어 사귐을 나누고, 하나님과 합일하며, 하나님을 닮을 수 있는 가능성을 지닌 존재다. 기독교 영성은 우리에게 이러한 가능성으로 주어진다. 하나님은 우리의 영성이 가능성에만 머무는 것이 아니라 실존적으로 실현되기를 기대하신다. 기독교 영성은 하나님을 향한 사랑인 동시에 하나님이 사랑하시는 만유를 향한 사랑의 사귐을 이루는 과정이다. 이러한 영성이 실현될 때 우리는 하나님의 영광을 드러내며, 동시에 인간으로서의 지극한 행복을 느낀다. 기독교 영성은 삼위일체 하나님과 인격적 합일을 이룸으로 누리는 복된 현실을 추구하며, 동시에 하나님 안에서 다른 피조 세계와 함께 이루는 사랑의 현실로 나아간다. 여기서 말하는 인격은 유한한 인간 형상의 자아가 아니라 '나'라는 존재의 가장 깊은 밑바탕 속에 있는 근원적인 자아를 의미한다.[170] 따라서 하나님의 형상은 나의 본질적 자아가 하나님 앞에서 은혜와 믿음으로 '사랑의 현실'인 영성에 참여할 때, 비로소 회복되는 것이다.

영성신학에 따르면 인간의 존재 목적은 '하나님의 형상'이라는 표현 속에 암시되어 있다. 인간을 창조하신 분은 하나님이고, 하나님은 본성상 사랑이시다. 인간은 하나님의 형상대로 지음 받았으므로 자신의 원형인 하나님의 사랑을 본받아 하나님을 사랑하고, 하나님 사랑의 대상이 되는 이

---

170 호안 가렐드, 『십자가의 성 요한의 영성』, 168.

웃과 다른 피조물들을 사랑해야 하는 존재이다. 따라서 인간의 존재의 목적은 하나님을 사랑하고, 하나님 안에서 타자들을 사랑하는 것이다. 하나님은 이러한 사랑을 삼위일체의 성자인 예수 그리스도를 통해 우리에게 계시해 주셨다. 그리스도가 증거 하신 그 사랑에 살게 될 때, 우리는 비로소 하나님께서 베푸신 참된 지혜의 은총을 누릴 수 있다. 그리스도와의 만남을 통해 우리 내면의 묵은 자아를 정화하고 이웃을 사랑하는 힘을 얻는다.[171] 사랑은 통일성과 사이성의 특성을 지닌다. 여기서 통일성이라 함은 서로 간의 하나 됨을 의미하고 사이성은 각자의 개별성과 다양성을 존중하며 서로 간의 구별되는 특징을 의미한다. 사랑은 서로 구별되는 존재들이 함께 어우러져 하나가 되는 사건이지만, 서로 하나가 된 순간에도 그들의 개별성과 다양성은 여전히 보존된다. 즉, 사랑은 사이적이면서 동시에 통일적인 교제인 것이다.[172]

이러한 사이적이고 통일적인 사귐을 가리키는 기독교 신학 용어가 바로 '페리코레시스'이다. 페리코레시스는 본래 삼위일체 하나님을 설명하는 중요한 용어이다. 성부, 성자, 성령이 서로 안에 내주하며 동시에 서로 다른 인격적 존재로서 순환하는 교제, 곧 '서로의 안에 있는 존재'를 의미한다.[173] 즉, 페리코레시스는 자신의 존재 안에 다른 존재를 위한 공간을 만들고, 그 다른 존재와 함께 긴밀하고 역동적인 사귐을 가지는 상황을 말하는 것이다. 따라서 페리코레시스는 사이적이고 통일적인 사귐으로서의 사랑의 가장 모범적인 존재 양식이다. 그러나 이러한 페리코레시스적인 사

171 호안 가렐드, 『십자가의 성 요한의 영성』, 170.

172 송성진, 『영성과 교회』, 89-90.

173 다니엘 L. 밀리오리, 『기독교 조직신학 개론』, 147.

권은 단지 성 삼위 하나님의 교제나 그리스도의 신성과 인성 사이에만 제한된 것은 아니다. 그것은 하나님의 형상을 지닌 인간들이 자신들의 삶 속에서도 드리내야 하는 것이다. 인간은 하나님과 그리스도 및 다른 이웃들과의 관계에서도 페리코레시스적인 삶을 살아가기 위해 노력해야 한다.[174]

하나님이 영이시라면, 하나님의 형상을 지닌 인간 역시 영적인 존재이다. 인간이 하나님의 형상을 지니고 있다는 것은 곧 우리가 하나님을 닮았다는 것이다. 인간은 영성을 지니고 있다는 점에서 하나님을 닮았다. 인간은 자기 안에서 배타적이면서 고립적으로 갇혀 있을 수 없는 존재이다. 우리는 하나님처럼 다른 존재들을 향해 나아가 그들과 함께 더불어 사귐을 갖는 존재로 지음 받았다. 바울과 어거스틴은 이러한 인간의 영적 특성을 '속사람' 혹은 '내적 인간'으로 표현하였다. 영은 혼과 몸을 사랑으로 초청하고 계시하며, 사랑의 능력을 행한다. 십자가의 성 요한은 인간의 영혼이 영원한 지복에서 하나님과 하나가 될 때 가장 완전한 사랑의 덕을 이룬다고 보았다.[175] 이러한 사랑은 하나님으로부터 시작되어 우리의 영 안으로 흘러들어오고, 영을 통하여 다시 혼과 몸으로 흘러 들어간다. 따라서 인간의 영성은 전인적인 것이다.

사랑은 영을 통해 본래적으로 이루어짐과 같이 혼과 육을 통해 실존적으로 이루어진다. 영성신학자들은 인간의 영이 하나님과 교제하는 반응은 영적 직관에 의한 것이라 말한다. 이러한 영적 직관의 교제가 실존적 영성이 되기 위해서는 필연적으로 육와 혼의 영성이 하나님의 은총에 대한 믿음의 결단으로 실현되어야 한다. 따라서, 하나님의 형상을 지닌 존재

---

174 송성진, 『영성과 교회』, 90-91.

175 성녀 마리아 막델레나의 가브리엘, 『하나님과의 일치』, 215-216.

의 영성은 믿음과 사랑으로서 하나님과 교제함으로 이루어지는 것이다. 하나님과 교제함은 곧 하나님의 관심사에 우리가 함께 관심을 기울이는 것을 의미하지 않는가? 하나님의 관심사는 피조 세계인 만유를 향한 사이적이면서도 동시에 통일적인 사랑을 나눔에 있으시다. 하나님은 만유 안에 내재해 계시며, 만유 또한 하나님의 뜻과 방식에 따라 하나님 안에 내재한다. 곧 하나님은 초월적인 동시에 피조 세계 안에 이러한 사귐을 위해 내재해 계신 존재이시다. 따라서 하나님을 향한 진정한 사랑은 우리 이웃을 비롯한 만유를 향한 사랑을 포괄하는 것이다.

18. 답은 예수 안에 있다

하나님의 형상에 대한 성경 진술이 창세기 초반에만 기록되어 있는 것은 아니다. 특별히 신약성경의 절반 이상을 기록한 사도 바울은 하나님의 형상론을 기독론과 깊은 연관하여 소개한다. 그는 참인간의 원형을 회복하는 것이 하나님의 형상을 회복하는 것이며, 그 원형의 모범이 예수 안에 있음을 고백한다. 고린도후서 4장 4절은 그리스도가 하나님의 형상인 것과 그러한 그리스도를 전파하는 것이 믿는 자들의 도리임을 강조한다. 곧 하나님의 형상을 지닌 그리스도 안에 하나님의 영광을 나타내는 빛이 있음을 강조하는데, 이는 곧 하나님의 형상과 그분의 영광을 나타내는 것이 우리 인간의 존재 목적임을 보여 주는 것이다. 또한 바울은 골로새서 1장에서 그리스도를 일컬어 "그는 보이지 아니하는 하나님의 형상이시요 모든 피조물보다 먼저 나신 이시니"(골1:15)라고 소개한다. 여기서 말하는 하나님의 형상은 곧 그리스도 예수의 근원적인 영역을 논의하는 것으로 아버지와 아들의 특별한 관계를 확증한다. 또한 이 고백은 곧 하나님의 가장 온전한 계시로서 이 땅에 내려온 예수의 신성을 상징적으로 표현하는 용어이다.

한편 로마서 5장에서 바울은 태초의 인간인 아담을 오실 자의 모형, 즉 예수 그리스도의 모형으로 묘사한다(롬5:14). 즉 예수 그리스도가 하나님의 은총 가운데서 드러난 참인간의 원형임을 보여 주는 것이다.[176] 사도 바울이 참인간의 의미를 그리스도 예수 안에 나타난 하나님의 형상으로 주장하는 이유는 바로 예수가 가장 온전한 하나님의 계시이기 때문이다. 예수는 하나님과 인간 사이에 단절된 관계를 회복시키고 가장 온전한 인간의 모범을 제안하기 위해 이 땅에 왔다. 예수는 참인간이며 동시에 참하나님이시기에 그 안에 있는 하나님의 형상은 신적 권위가 살아 있고, 그를 통해 하나님의 온전한 뜻을 우리를 깨달을 수 있다. 심지어 예수는 인류의 구원자로서 그를 주로 영접하는 자는 성령과의 신비적인 연합을 통해 의롭다 칭함을 받는 새로운 존재로 거듭나는 은혜를 베푼다.

성경은 아담 한 사람으로 말미암아 죄가 세상에 들어오게 되었고 아담과 같이 모든 사람들이 죄를 지음으로 사망에 이르게 되었음을 시사한다(롬5:12). 즉, 인간의 실존은 아담과 마찬가지로 죄인의 상태에 머물러 있는 것이다. 전통적으로 기독교 신학은 인간의 죄인 된 실존이 하나님의 형상이 훼손된 것과 연관하여 이해해 왔다. 종교개혁자들은 이러한 인간의 실존을 하나님의 형상이 전적으로 부패한 상태로 보았다. 그중에서도 존 웨슬리는 부패 이전 하나님의 형상이 지닌 자연적인 특성에 대해 주목하였다. 온전한 하나님의 형상 아래에서의 인간은 보다 깊은 진리의 선악을 구별할 수 있는 이해력을 지니고 있었다. 또한 하나님의 속성인 사랑의 감정을 품고 있는 존재였으며, 하나님 안에서 자신의 권리를 온전히 누리는 자유의 상태에 있었다.[177] 그러나 인간은 하나님이 정하신 하나의 필연적

---

176 밀리오리, 『기독교 조직신학 개론』, 246.

177 존 웨슬리, "하나님의 형상", 『웨슬리설교전집 4』, 조종남, 김홍기, 임승남 외 공역 (서울: 대한기독교서회, 2006), 107-110.

인 시험에 노출되었고, 어리석게도 그 유일한 하나님께 불순종하는 길을 선택하고 말았다. 이 결과 불멸의 존재로 창조되었던 인간은 그 육체가 노동의 고통을 직면하게 되었고 죽음을 피할 수 없는 존재가 되었다. 죽음 후 인간의 육체는 그 형태의 근원인 흙으로 돌아가고(창3:19), 인간에게 주어진 하나님의 자연적 형상, 즉 이해, 감정, 자유, 의지는 모두 불완전한 것으로 전락하고 말았다. 그렇다면 이처럼 멸망 가운데 놓인 인간의 실존을 누가 회복시킬 수 있는가? 부패한 하나님의 형상은 어떻게 치유함을 얻을 수 있는가? 기독교 신앙은 부패한 하나님의 형상을 지닌 인간의 회복 가능성이 오직 예수 그리스도 안에서만 찾을 수 있음을 고백한다.[178]

인간이 연약함과 악함 가운데 있을 때, 즉 인간의 죄인 된 현존에 있을 때 예수 그리스도는 타자들을 위해 죽으므로 하나님의 인류를 향한 사랑을 확증하신다(롬5:8). 즉, 예수는 참된 인간의 표상이지만, 동시에 하나님의 증인이며 신적인 권능을 통해 인간의 구원 사역을 감당하는 대제사장으로서 자신이 속죄물이 되어 단 한 번의 완전한 속죄를 이루어 내신 것이다(히5장). 대제사장의 사역은 제사를 주관하는 역할이기도 하는 동시에 하나님과의 인간 사이의 화해자 역할을 수행한다. 제사장의 라틴어인 'Pontifex'는 다리 놓는 사람들이라는 의미를 가지고 있다. 곧 예수가 대제사장이 되었다는 것은 하나님과 죄인 사이의 다리를 놓으셨음을 의미한다. 그런데 예수는 동시에 제사의 속죄물이 되어 타인의 죄 씻음을 위해 희생자의 길을 자처한다. 유일하고 참되신 대제사장이신 예수 그리스도가 스스로 제물이 되심은, 주께서 대속적으로 속죄하신 완전한 제사를 통

---

178 밀리오리, 『기독교조직신학개론』, 273.

해 하나님과 우리가 완전한 화해되었음을 의미한다.[179] 그리스도가 십자가에 달리신 대속 사역은 "멸망하는 자들에게는 미련한 것이요 구원을 받는 우리에게는 하나님의 능력"(고전1:18)이다. 죄인 된 우리는 그리스도의 "십자가로 … 하나님과 화목하게 하려 하심"(엡2:16)이며 "원수 된 것을 십자가로 소멸하시고"(엡2:16) 한 성령 안에서 하나님의 권속이며 백성으로 택하심(엡2:19)을 통해 구원함을 얻었다.

사도 바울은 죄인을 구원하는 하나님의 의를 "그리스도 예수 안에 계시된 하나님의 은혜"(고전1:4; 빌4:7; 갈3:26; 살전5:18)로 표현한다. 그리고 죄인 된 우리는 이러한 하나님의 은혜에 대해 믿음을 통하여 구원에 이른다(갈3:26). 즉 인류의 구원은 그리스도 예수 안에서 계시된 하나님의 은혜를 믿음으로 수용하는 자들에게 이루어지는 것이다. 예수는 가난한 자들과 사회 곳곳에 소외된 자들에게 하나님의 복음을 선포하는 목적을 선포하시고(눅4:18-19), 구원의 복음을 그들과 함께 사랑의 교제 가운데 삶으로 드러내셨다. 로마서 8장 2절은 예수 그리스도의 속죄 사역의 은혜 안에 믿음으로 참여한 이들의 실존에 대해 "결코 정죄함이 없는"(롬8:1) 상태, 즉 "그리스도 예수 안에서 생명의 성령의 법이 죄와 사망의 법에서 우리를 해방하였음"(롬8:2)을 주목한다.[180] 이러한 하나님의 은혜는 타락으로 인해 멸망할 수밖에 없는 죄인을 구원으로 나아가게 한다(롬5:15). 로마서 3장 24절은 "그리스도 예수 안에 있는 속량으로 말미암아 하나님의 은혜로 값 없이 의롭다 하심을 얻은 자 되었느니라"(롬3:24)고 진술한다. 더 나아가 종교개혁의 테제이기도 한 로마서 1장 17절의 진술인 "복음

---

179 이경석, 『탈근대주의 시대의 인간론』, 52.

180 존 웨슬리, "하나님의 형상", 『웨슬리 설교전집 4』, 116.

에는 하나님의 의가 나타나서 믿음으로 믿음에 이르게 하나니 기록된 바오직 의인은 믿음으로 말미암아 살리라 함과 같으니라"(롬1:17)라는 바울의 고백 속에서 죄인을 구원하는 하나님의 의가 우리 안에 그리스도 예수를 향한 믿음으로 말미암는 삶으로 연계되어야 함을 깨닫게 한다.

그런데 우리가 앞서 논의한 바와 같이 하나님의 형상은 인간의 영적 특질이다. 그렇다면 과연 예수 그리스도가 지니고 있는 참된 하나님의 형상은 무엇인가? 예수 그리스도의 영과 하나님의 형상 사이에 대해서 우리는 어떠한 이해를 추구해야 하는가? 성경은 종종 예수 그리스도의 영에 대해 언급한다. 로마서 8장 9절은 "만일 너희 속에 하나님의 영이 거하시면 너희가 육신에 있지 아니하고 영에 있나니 누구든지 그리스도의 영이 없으면 그리스도의 사람이 아니라"(롬8:9)라는 진술을 통해 그리스도의 영과 하나님의 영이 인간을 구원에 이르게 하시는 거룩하신 영, 즉 성령이심을 진술한다. 본래 그리스도라 함은 기름부음을 받은 자를 의미하는데, 예수의 제자들은 이러한 기름을 성령으로 이해하고 있었다.[181] 즉, 예수는 성령을 품은 존재이시며, 인간의 몸을 입고 성육신 하시는 하나님이시다. 예수는 그 안에 인성과 신성이 공존하는 신비적인 사귐의 가운데 드러난 인간의 실존이다. 동방교회 전통은 이러한 예수와 하나님, 성령의 관계의 신비를 삼위일체의 신비적 양식인 페리코레시스의 개념으로 설명한다. 페리코레시스는 상호내재, 혹은 상호침투로서 신비적인 사귐 가운데 있는 존재를 의미한다.[182] 본성상 사랑의 존재인 하나님의 삼위일체적 존재양식인 상호 내재적 사귐의 방식이 성육신을 통해, 우리에게 예수 그리스도를

---

181 송성진, 『예수 그리스도』(서울: 기독교문서선교회, 2009), 12.

182 밀리오리, 『기독교 조직신학 개론』, 147.

통해 드러난다. 이는 하나님이 가지고 있던 인간 존재의 목적성을 예수를 통해 분명하게 보여 주는 것이다.

헬라어로 자기 비움의 의미를 일컫는 신학적 용어 중에 '케노시스'라는 단어가 있다. 이는 그리스도의 성육신과 수난 속에서 나타난 자기 비움의 사건을 일컫는 말이다. 예수 그리스도 안에서 참된 인간이 지니는 하나님의 형상은, 자신을 비우고 그 안에 하나님의 뜻을 채우는 케노시스적 사랑의 실존으로서[183] 하나님 사랑과 이웃 사랑을 실천함 속에서 드러난다.[184] 이러한 삼위일체 하나님의 신비적 존재 방식은 우리에게, 서로의 차이점을 인정하면서도 그 안에서 서로 자신을 비우고 그 안에 하나님의 영을 채우며, 그 사랑을 이웃에게 반영함으로 화합을 추구해 나가는 인간의 실존적 방향을 제안한다. 즉 예수 안에서 드러난 참된 하나님의 형상은 존재론적의 근원이신 성부와 구원을 베푸시는 성자 안에서 합일의 능력이신 성령으로 말미암은 신비적 연합함에 근거한다.[185] 그리고 이러한 신비적 사랑의 연합은 우리에게 그 사랑의 연합에 동참함으로 실존적 사랑의 관계성에 동참할 때 하나님의 형상을 지닌 존재로서의 인간 가치를 회복할 수 있다.

존 웨슬리는 자신의 설교문인 「신생」을 통해, 우리의 안에서 그리스도인의 전적인 변화인 신생을 경험할 수 있음을 주장한다. 즉 성령의 능력을 통해 새롭게 된 사람은 하나님의 형상이 새롭게 회복되어 평화와 기쁨과 사랑의 형태로 회복되어지는 것이다. 신생은 성령이 우리의 안에서 우리

---

183 송성진, 『영성과 교회』, 163.

184 송성진, 『영성과 교회』, 90-91.

185 송성진, 『예수 그리스도』, 217-220.

의 본질을 변화시키시는 관계의 신비를 내포한다. 이것은 인간이 성령과 연합함으로 죄인 된 본질에서 새로운 피조물로의 변화를 주장하는 것이다.[186] 그리고 이러한 연합함이 바로 예수 그리스도 안에 드러난 케노시스적인 연합의 유비적인 모델인 것이다.

웨슬리는 신생을 성화의 시작으로 보았으며, 동시에 하나님의 형상의 회복으로 보았다. 그는 하나님과의 만남을 통한 내면 전체의 변화를 통해 인간 존재의 '전체적인 혁신적 변화'로서 성화의 길로 나가는 것이 진정한 하나님의 형상을 회복한 인간으로 나아가는 길이라 생각했다.[187] 이것은 사람이 하나님과의 신비로운 교제의 연합에 들어서는 것이 참된 하나님의 형상을 회복하는 것임을 의미하는 것이다. 하나님의 은혜로 인해, 우리가 신앙의 믿음으로 응답할 때 '성령과 능력의 부어짐'(행10:38)을 통한 그 신비로운 연합으로 인해 인간은 새로운 피조물로 거듭나며 성화의 삶을 살아가게 된다.[188] 성화의 삶은 예수 그리스도의 인격을 닮아 가는 것이며,[189] 하나님의 형상을 지닌 참된 인간의 본질하에서 인간이 하나님과 피조 세계의 사이 속에서 누리는 복된 삶이다.

하나님의 형상을 회복되는 것은 곧 성령과의 신비적인 연합 속에서 인간이 성화되는 것을 의미한다. 성화의 삶을 살아가는 이들의 정체성은 그들의 내면적 생각뿐 아니라 그들의 삶 가운데 드러나는 열매를 통해서도

---

186 김영선, "웨슬리의 신학과 영성", 『조직신학 속의 영성』 (서울: 대한기독교서회, 2002), 논총 7집, 58-60.

187 존 웨슬리, "잠자는 자여 일어나라", 『웨슬리설교전집 1』, 조종남, 김홍기, 임승남 외 공역 (서울: 대한기독교서회, 2006), 49.

188 존 웨슬리, "잠자는 자여 일어나라", 『웨슬리설교전집 1』, 57.

189 김영선, "웨슬리의 신학과 영성", 『조직신학 속의 영성』, 61.

발견할 수 있다. 사도 바울은 성령의 열매가 "사랑과 희락과 화평과 오래 참음과 자비와 양선과 충성과 온유와 절제"(갈5:22-23)로 드러남을 진술한다. 더 나아가 우리가 "성령으로 살면 성령으로 행할 것"(갈5:25)을 주지시킨다. 참된 인간의 가치와 존엄성은 자기 주체성에 의존하는 것이 아니다. 그것은 우리 안에 성령을 통한 하나님과의 사귐 속에서, 하나님의 사랑을 이 세상에 반영하는 데 있다. 인간의 진정한 가치와 존엄성은 타자를 위해 자기 목숨을 다해 사랑하신 하나님의 뜻을 우리 삶의 실존 속에서 드러나는 데 있다. 우리가 마음에 품은 성령님을 통해 그리스도를 닮은 참된 성화자로 살아갈 때, 하나님의 뜻을 따라 우리 이웃 사랑을 현실 속에 드러남으로 서로 안에서 인간의 존엄성과 고귀함의 가치가 회복된다.

19. 당신 안에는 하나님의 형상이 있다

오늘날 이 시대는 새로운 인간 이해를 요구하고 있다. 과거 형이상학 차원에 머물렀던 인간에 대한 연구가 현대에는 생물학과 의학, 사회학과 심리학, 철학과 신학 모든 방면에서 교차적으로 확대되고 있다.[190] 우리는 이처럼 확대된 인간에 대한 연구를 기독교 신앙 안에서 재조명하는 일에 힘써 왔다. 기독교는 전통적으로 인간이 '하나님의 형상'대로 창조되었음을 중시하였으나 성경 자체는 인간이 지닌 '하나님의 형상'에 대한 명확한 텍스트적 정의를 내려 주지 않는다. 다만 우리는 성경의 맥락 속에서, 하나님의 형상은 신의 실재를 가진 인간만의 특징을 도출하는 개념임을 알 수 있을 뿐이다. 그리고 이러한 전제는 현대적 인간 이해의 관점과 소통하여 발전해 나갈 수 있는 개방성을 지니고 있다.

과거의 하나님 형상은 본질론과 실체론의 관점에서 인간 안에 있는 어떤 실체나 실체적인 특성으로 이해되는 경향이 높았다.[191] 그러나 현대에 와서 하나님의 형상은 실존적인 면에서 타자 또는 하나님과의 관계성으로 이해되고 있다. 성경에서 인간이 하나님의 형상으로 창조되었다는 것

---

190 서청원 "현대 신학적 인간론" 270-271.

191 현요한 "하나님의 형상과 사랑의 공동체-본회퍼의 대리직 개념을 중심으로", 『말씀과 교회』 33호 2003: 232.

은, 하나님께서 자유롭게 말을 걸 수 있는 존재이며, 이 대화 속에서 자유롭게 반응할 수 있는 존재임을 의미한다.

철학과 과학의 차원에서 이루어진 인간학은 더 이상 전통적인 기독교 교리에 근간을 두지 않지만, 여전히 인간의 독특성에 대해 질문하고 있다. 그 질문은 오늘을 살고 있는 우리들에게도 여전히 유효하다. 조직신학자 다니엘 밀리오리는 오랜 시간 동안 인간에 대한 이해가 천사주의와 자연주의의 사이를 오갔다고 말한다. 천사주의는 인간의 본성이 천사와 같아 육을 벗어난 영적 존재임에 집중하는 사상이고, 대조적으로 자연주의는 인간의 자유 의지나 영혼, 하나님과의 관계 등의 무형적인 것들을 배제한 후 인간의 행동을 전적으로 예측 가능한 고등생물적 특징이라 보는 것이다. 그 대안점으로 발전한 철학적 인간학은 천사주의와 자연주의 사이를 완충하는 인간적 특성을 제안하기 위해 노력하였다. 그 과정을 통찰한 판넨베르크는 철학적 인간학의 선상에서 인간의 '세계개방성'과 '자기 초월'의 특성을 발전시켜 현대적 관점으로 적용할 수 있는 '기초 신학적 인간학'을 구상하였다.[192] 그는 인간만의 독특한 언어적-문화적-종교적 잠재성과 활동성을 조명함으로 현대 인간학자들의 다양한 견해들 속에서 광범위한 일치성을 유추하였다.[193] 인간은 육체와 영혼, 자연과 초월의 이원론적 관점으로 구성된 존재가 아니라, 심리적 존재인 동시에 육체를 지닌 전인적 인격체이다. 인간은 몸의 행동을 통해 자신을 표현하고 타인과 소통하는 존재로서, 몸의 욕구와 정신은 분리하여 생각할 수 없다. 이는 그리스도의 성육신과 몸의 부활로 존귀함을 확증하는 기독교 신앙 속 인간관과 상충

---

192 다니엘L. 밀리오리, 『기독교 조직신학 개론』, 247-248.

193 볼파르트 판넨베르크, 『인간학 I』, 80-81.

하지 않는다.

　우리의 삶은 사회성과 역사성을 벗어나서는 바르게 이루어질 수 없다. 인간은 어떤 특정한 사회와 문화, 역사 속에 종속되어 살아가며, 이러한 환경은 인간의 정체성을 확립하는 데 큰 영향을 끼친다. 인간의 자아는 이러한 역사와 문화를 통해 구체적인 방식으로 형성되지만, 동시에 이런 조건들에 구속되지 않고 삶의 방식을 전환할 수 있는 창조적 자율성을 지닌다. 이러한 인간의 자유가 결코 절대적이거나 무제한적이지는 않지만, 개인이 경험한 제반 여건을 재형성하여 스스로를 재정립할 수 있는 풍성한 가능성을 지니고 있다.

　우리는 본 연구를 통해 이러한 인간의 독특성, 곧 우리 안에 존재하는 '신의 실재로서 하나님의 형상'에 대한 다양한 관점을 다루어 보았다. 우리는 그 가운데서 인간의 가장 보편적인 특성을 한 가지 도출하였는데, 그것은 바로 인간의 '외심성(exocentricity)'이다. 여기서 외심성이라 함은 인간이 자기 안에 몰아적으로 갇혀 있는 존재가 아니라 타자와의 관계성을 통해 자아를 형성해 나가는 존재임을 말한다. 이러한 특성은 기독교적 관점에서 하나님과 타자, 그리고 피조 세계와의 깊은 관계성을 의미하고, 니체의 허무주의적 관점에서는 초인적 인간상의 근간이 되며, 현대 철학과 포스트모던 신학에 있어서 공동의 선을 이루기 위해 우리 안에 내재된 성장의 원동력이 된다. 이러한 논의들을 바탕으로 우리는 '하나님의 형상'이 하나님과 공동체 가운데 있는 인간의 운명을 나타내는 관계적인 의미임을 깨달을 수 있다.

　기독교 신앙은 세상 가운데서 유일하게 자아의 주도권을 가진 존재인 인간의 운명이 하나님의 형상을 소유함으로 고유의 존엄성을 보장받는다고 생각한다. 하나님의 형상이 세계에 대한 인간의 주도권과 동일하지는 않더라도, 하나님께서 인간에게 이러한 주도권을 위임하였다는 근거를 제시하고 있다는 사실에 이의를 제기할 필요는 없다. 고대 근동에서의 신의 모상설은 주로 왕만이 신의 대리자나 위임자로 존엄성을 인정받는 근간에 머물렀던 것에 비해, 성경의 진술은 모든 사람이 하나님의 형상을 지닌 존재로서 보편적인 존엄성을 지님을 인식하고 있다.[194]

이러한 '인간 존엄'의 중요성은 신약성경의 진술 안에서, 하나님의 아들이 인간의 몸을 통해 성육신한 사건을 통해 확증된다. 앤서니 T. 한슨은 자신의 저서 『눈에 보이는 하나님의 형상』에서 하나님의 형상을 철저하게 기독론적인 관점으로 해석하였다. 신약성경의 진술을 따르면, 인간의 운명은 예수 그리스도의 모습 안에 집중된다.[195] 한슨은 예수 그리스도를 통해 계시된 하나님의 뜻 안에서 우리가 참인간으로 나아갈 수 있음을 주장한다. 가장 온전한 하나님의 형상은 예수 그리스도 안에서 드러난다. 하나님의 독생자 예수 그리스도는 성육신 사건을 통해 피조 세계에 몸을 입고 내려와 완전한 사랑을 실천하고, 죽음을 극복한 부활의 소망을 증거함으로, 우리를 인간 실존의 두려움에서 영적 안식처로 나오도록 인도한다.

그러나 하나님의 형상에 대한 잘못된 해석은 '인간이 자연 세계를 지배하고자' 하는 만행의 근간이 되어 환경파괴와 인류 공멸의 위기에 직면하는 결과를 초래하였다. 과정신학자 존 캅은 창세기의 창조기사 속에서 하나님이 창조 전체의 사건을 좋았다고 묘사하였지, 인간만이 좋았다고 묘사한 것은 아니라는 사실을 강조한다. 인간만을 절대화하면서 자연을 무

---

194 볼파르트 판넨베르크, 『인간학 I』, 84.

195 볼파르트 판넨베르크, 『인간학 I』, 84.

V. 본연적인 하나님의 형상은 무엇일까?

165

시하는 행위가 얼마나 위험한 결과들을 초래하는지를 되돌아보라. 현대 신학의 한 사조인 과정신학은 인간을 절대화하는 대신 생명체의 질서를 피라미드로 설명하고자 한다. 이러한 구조 속에서 피조 세계의 존엄성을 이해하고 공존하는 것이 중요하다. 물론 피라미드 구조의 정점에 인간을 배치하는 것은 당연하다. 그러나 이것은 인간이 피조 세계의 주권자임을 주장하는 것이 아니라. 존 웨슬리는 인간의 지배권은 하나님의 주권에 대한 위임에 불과할 뿐이며, 청지기적 사명을 통해 피조 세계와 교제의 관계로 나아가는 것이 우리의 도리임을 확증한다. 오늘날의 인간학은 바로 이 점에 집중해야 한다.

근대는 자연과학과 문명의 고도 발달 속에서 자연 세계에 대한 지배권을 정당화하는 한편, 실존주의에 매몰된 나머지 인간중심주의의 절대적 지배권을 과신하여 왔다. 그러나 오늘 이 시대는 더 이상 문명을 전적으로 신뢰하지 않는다. 인류의 주도하에 일어난 무분별한 개발로 인해 환경이 파괴되고, 그 결과 나타난 이상 기후의 징조 속에서 우리는 인간중심주의가 구원의 길이 아님을 피부로 깨닫는다. 이러한 현실을 야기하게 된 것은 인간이 하나님이 주신 아름다운 청지기적 사명을 문명의 이기로 환원시켜 버렸기 때문이다.

그러나 성경은 우리에게 그리스도 예수의 삶을 통하여 섬김과 사랑의 역설적 주도권을 제안한다. 하나님의 아들이 피조 세계와 타자를 섬기기 위해 육신을 입었다. 그리고 사회 곳곳의 약자들을 사랑과 섬김으로 환대함으로 그들에게 하나님 나라의 복된 소식을 증거 하였다. 그것이 바로 우리가 가져야 할 청지기 정신의 온전한 지향점이요, 피조 세계를 바르게 이해하는 참된 가치관이다.

166

오늘날은 개인의 자율성이 자아과잉과 이기주의에 매몰되어 왜곡되어 가고 있다. 그러나 이러한 가치관의 훼손은 사회적 관계성의 파괴뿐 아니라 다른 피조 세계와의 갈등으로 심화되며, 결국에는 인류공멸의 어두운 길로 우리를 인도할 것이다. 우리는 참다운 삶을 누리기 위해 인간의 존엄성과 가치를 깨닫게 할 내적. 영적 에너지가 필요하다. 이러한 시대적 요청에 부흥하기 위해 우리는 하나님의 형상에 대한 의미를 조명할 필요가 있는 것이다.

본 논의를 전개함에 있어, 신학과 과학의 대화를 통한 인간 의 특성을 하나님의 형상으로 해석하는 과정이 다소 매끄럽지 못함을 부정할 수 있다. 필자가 연구과정에서 다루어 나간 행동주의 학파의 연구결과는 근대시대의 자료들로서 오늘날의 심리학적, 생물학적 연구의 성과와는 다소의 차이를 가지고 있다. 본 연구는 판넨베르크의 기초 신학적 인간학에 의존하고 있으며, 현대는 그로부터 무려 30년 이상이 흘러 있다. 최근 과학자로서 무신론의 트렌드를 이끄는 리처드 도킨스 등의 연구와 그에 대한 변증적 신학을 전개하는 신학자들의 논의는 다루지 못한 한계를 가지고 있다. 즉, 필자의 인간론 연구는 현대 신학과 과학, 철학의 주류를 논하는 데 있어 상당히 뒤처져 있다는 한계점을 가지고 있다.

또한 본 연구는 영성신학을 논의함에 있어서도 그 역사성과 다양성을 온전히 다루지 못하는 한계가 있다. 현대인들에게 영성신학이 가지는 충성한 내적 의미를 담지 못하고 피상적인 차원으로 소개하는 데 그쳐 있다. 비단 영성신학의 영역에서만 한계를 보인 것이랴? 니체나 실존주의 철학자들의 방대하고 심오한 사상을 다룰 때 인간학 발전의 과정 중 파편적인 맥을 집는 데만 집중하여 논했다는 것 또한 사실이다.

그럼에도 이 연구가 가지는 의의는 현대를 살아가는 인간의 가치와 존엄성을 기독교 신앙 속에서 조명하고 그것을 통해 삶의 내적 에너지를 얻도록 돕는 데 있다. 하나님의 형상이 주목하는 것은 바로 인간 존재의 존귀함과 가치이다. 그리고 그 존귀함과 가치는 모두가 인간다움을 누리는 삶 가운데 드러나야 한다. 결국 세상을 아름답게 만드는 것은 관념이나 사상이 아니라 나눔 속에서 사랑을 실천하는 사람들의 삶이다. 그리스도인의 삶 가운데에 신과 타자, 그리고 다른 피조물과의 관계 가운데 그리스도의 사랑이 반영된다면, 우리가 사는 이 세계는 보다 가치 있고 아름다운 세계가 될 것이다. 하나님의 형상은 이런 미래를 위한 가능성으로 우리에게 주어진 것이다. 부디 현시대를 살아가는 그대가 하나님의 형상을 지닌 존재라는 사실을 깨닫길 원한다. 이로 인해 그대의 자아 정체성을 회복되고 그로 말미암아 타자와 피조 세계 속 삶을 충만하게 누리길 소망해 본다.

참고문헌

한글 단행본

강남순.『코즈모폴리터니즘과 종교』. 서울: 새물결플러스, 2015. ·

김균진.『기독교신학 2』. 서울: 새물결플러스, 2017.

김진두.『존웨슬리의 생애』. 서울: KMC, 2014.

송성진.『영성과 교회』. 서울: CLC, 2016.

송성진.『예수그리스도』. 서울: 기독교문서선교회, 2009.

심상태.『인간-신학적 인간학 입문』. 서울: 서광사, 1989.

오성주.『교육신학적 인간이해』. 서울: 대한기독교서회, 2013.

이문균.『포스트모더니즘과 기독교 신학』. 서울: 대한기독교서회, 2000.

최홍석.『인간론』. 서울: 개혁주의신행협회, 2006.

한수환.『영적 존재에로의 인간학』. 서울: 이레서원, 2006.

황수영.『베르그손-지속과 생명의 형이상학』. 서울: 이룸, 2003.

홍경실.『베르그손의 철학』. 경기도 고양시: 도서출판 인간사랑, 2005.

F. W. 니체, M. 하이데거. 김문성, 이윤성 옮김.『신은 죽었다』. 서울: 책향
    기, 2000.

고든 루이스&브루스 데머리스트. 김귀탁 옮김.『통합신학 II』. 서울: 부흥
    과 개혁사, 2010.

다니엘L. 밀리오리. 신옥수, 백충현 옮김.『기독교조직신학개론』. 서울:
    새물결플러스, 2012.

데이빗 그리핀. 강성도 옮김.『포스트모던 하나님 포스트모던 기독교』. 서

울: 한국기독교연구소, 2002.

데이빗 그리핀. 이세형 옮김. 『과정신정론』. 서울, 대구: 이문출판사, 2007.

돈 큐핏. 이세형 옮김. 『떠나보낸 하느님』. 경기도 고양: 한국기독교연구소, 2006.

디오게네스 알렌. 정재현 옮김. 『신학을 이해하기 위한 철학』. 서울: 대한기독교서회, 2011.

레이몬드 B. 블레크니. 이민재 엮음. 『마이스터 에크하르트』. 서울: 다산글방, 1994.

마이클 피터슨 외. 하종호 옮김. 『종교의 철학적 의미』. 서울: 이화여자대학교출판부, 2013.

볼파르트 판넨베르크 지음. 박일영 옮김. 『인간학 Ⅰ-인간본성론』. 경북 칠곡군: 분도출판사, 1996.

스텐리 그렌츠 외. 신재구 옮김. 『20세기의 신학』. 서울: 한국기독학생회출판부, 2013.

쇠렌 키르케고르. 임규정 옮김. 『불안의 개념』. 서울: 한길사, 1999.

알리스터 맥그레이스. 김기철 옮김. 『신학이란 무엇인가』. 서울: 복 있는 사람, 2014.

앨런 슈리프트. 박규현 옮김. 『니체와 해석의 문제』. 서울: 도서출판 푸른숲, 1997.

요한 고트프리트 폰 헤르더. 조경식 옮김. 『언어의 기원에 대하여』. 경기도 파주: 한길사, 2003.

예수의 데레사. 최민순 옮김. 『영혼의 성』. 서울: 성바오로출판사, 1993.

이보 프렌첼. 강대석 옮김.『니체』 서울: 도서출판 한길사, 1997.

이사야 벌린. 이종흡, 강성호 옮김.『비코와 헤르더』 서울: 민음사, 1999.

존 B. 캅 Jr, 데이빗 그라핀.『캅과 그리핀의 과정신학』 서울, 대구: 이문출판사, 2012.

존 H. 힉. 김희수 옮김.『종교철학』 서울: 동문선, 2000.

존 로빈슨. 현영학 옮김.『신에게 솔직히』 서울: 대한기독교서회, 2015.

존 맥쿼리. 강학순 옮김.『하이데거와 기독교』 서울: 한들출판사, 2006.

존 쉘비 스퐁. 한성수 옮김.『영생에 대한 새로운 전망』 경기도 고양: 한국기독교연구소, 2011.

존 칼빈. 원광연 옮김.『기독교 강요-(상)』 경기도 고양: 크리스천다이제스트, 2006.

칼 야스퍼스. 이진오 옮김.『니체와 기독교』 서울: 철학과 현실사, 2006.

쿠노 로렌츠. 강학순 옮김.『현대의 철학적 인간학』 서울: 서광사, 1997.

테오도르 런년. 김고광 옮김.『새로운 창조』 서울: KMC, 2008.

프리드리히 슐라이어마허. 최신한 옮김.『기독교신앙』 경기도 파주: 한길사, 2006.

마틴 루터. 지원용 옮김. "창세기 3장 죄와 희망",『루터선집 1-루터와 구약〈1〉』 서울: 컨콜디아사, 1981: 49-139.

존 웨슬리. 조종남, 김홍기, 임승남 외 공역. "잠자는 자여 일어나라",『웨슬리설교전집 1』 서울: 대한기독교서회, 2006: 47-66.

존 웨슬리. 조종남, 김홍기, 임승안 외 공역. "하나님 나라로 가는 길",『웨슬리설교전집 1』 서울: 대한기독교서회, 2006: 133-149.

존 웨슬리. 조종남, 김홍기, 임승남 외 공역. "성경적 구원의 길",『웨슬리설교전집 3』. 서울: 대한기독교서회, 2006: 145-164.

존 웨슬리, 조종남, 김홍기, 임승남 외 공역. "선한청지기", 『웨슬리 설교전집 3』. 서울: 대한기독교서회, 2006: 301-321.

존 웨슬리. 조종남, 김홍기, 임승안 외 공역. "신생", 『웨슬리설교전집 3』. 서울: 대한기독교서회, 2006: 185-203.

존 웨슬리. 조종남, 김홍기, 임승안 외 공역. "하나님의 형상", 『웨슬리설교전집 4』. 서울: 대한기독교서회, 2006: 105-119.

제랄드 그라프. 이소영 옮김. "포스트모더니즘은 과연 획기적인 변화인가", 『포스트모더니즘론』. 서울: 도서출판 터, 1991. 63-104.

레슬리 피들러. 신문수 옮김. "경계를 넘어서고 간극을 메우며", 『포스트모더니즘론』. 서울: 도서출판 터, 1991. 29-61.

테리 이글턴. 강내희 옮김. "자본주의, 모더니즘, 포스트모더니즘", 『포스트모더니즘론』. 서울: 도서출판 터, 1991. 203-225.

제럴드 크랙. 송인설 옮김. "근대교회사", 『근현대교회사』. 서울: 크리스천 다이제스트, 1999. 9-281.

알렉 비들러. 송인설 옮김. "현대교회사", 『근현대교회사』. 서울: 크리스천 다이제스트, 1999. 291-571.

외국어 단행본

Alfred North Whitehead, *Religion in the Making*, Cleveland and New York: The World Publishing Company, 1967.

Anthony Tyrrel Hanson, *The Image Of The Invisible God*, London: SCM Press. Ltd, 1982.

Marianne H. Micks, *Our Search For Identity*, Philadelphia: Fortress press, 1982.

Vladir Lossky, *In The Image And Likeness of GOD*, New York: St Vladimir's Seminary Press, 1985.

외국어 소논문

Anna Case Winters, "Rethinking The Image Of GOD", *Zygon*, Vol. 39 No 4, 2004: 813-826.

Langdon Gilkey, "Nature As The Image Of GOD: Reflections On The Signs Of The Sacred", *Zygon*, Vol. 29 No 4 (Dec, 1994): 489-505.

Patrick Henry, "Image Of GOD In Time And Space", *Theology Today*, Vol. 61 No 2 (Jul, 2004): 202-212.

그대가
존귀한
이 유

ⓒ 이경석, 2023

초판 1쇄 발행 2023년 11월 16일

지은이   이경석
펴낸이   이기봉
편집   좋은땅 편집팀
펴낸곳   도서출판 좋은땅
주소   서울특별시 마포구 양화로12길 26 지월드빌딩 (서교동 395-7)
전화   02)374-8616~7
팩스   02)374-8614
이메일   gworldbook@naver.com
홈페이지   www.g-world.co.kr

ISBN   979-11-388-2477-4 (03230)

• 가격은 뒤표지에 있습니다.
• 이 책은 저작권법에 의하여 보호를 받는 저작물이므로 무단 전재와 복제를 금합니다.
• 파본은 구입하신 서점에서 교환해 드립니다.